国家自然科学基金项目资助(项目编号 51478052)

Rut-resisting Performance Test,
Evaluation and Control of Asphalt Surface Course

沥青路面面层抗车辙性能试验评价与控制

关宏信　杨　涛　崔志勇　周宏云　著

内 容 提 要

本书从改进目前的沥青路面车辙试验设备入手，系统介绍了沥青混合料抗车辙性能评价指标之间的相关性、车辙试验新方法、沥青面层结构抗车辙性能控制标准确定方法、考虑抗车辙性能的沥青面层结构组合比选方法、考虑抗车辙性能的沥青面层结构设计方法。

本书可供道路设计、施工、监理、检测、科研以及养护行业管理人员与技术人员参考，也可供高等院校相关专业高年级本科生及研究生教学参考。

图书在版编目(CIP)数据

沥青路面面层抗车辙性能试验评价与控制 / 关宏信等著. — 北京 ：人民交通出版社股份有限公司，2016.5

ISBN 978-7-114-13073-1

Ⅰ. ①沥… Ⅱ. ①关… Ⅲ. ①沥青路面—路面面层—车辙—防治—性能试验—研究 Ⅳ. ①U416.217.01

中国版本图书馆 CIP 数据核字(2016)第 128959 号

书　　名：沥青路面面层抗车辙性能试验评价与控制
著 作 者：关宏信　杨　涛　崔志勇　周宏云
责任编辑：刘永超　石　遥
出版发行：人民交通出版社股份有限公司
地　　址：(100011)北京市朝阳区安定门外外馆斜街 3 号
网　　址：http://www.ccpress.com.cn
销售电话：(010)59757973
总 经 销：人民交通出版社股份有限公司发行部
经　　销：各地新华书店
印　　刷：北京市密东印刷有限公司
开　　本：720×960　1/16
印　　张：9.5
字　　数：166 千
版　　次：2016 年 5 月　第 1 版
印　　次：2016 年 5 月　第 1 次印刷
书　　号：ISBN 978-7-114-13073-1
定　　价：38.00 元

前　言

车辙试验是我国常用的用于评价和控制沥青混合料抗车辙性能的试验方法，但目前还没有被推广应用于沥青面层结构。沥青路面的车辙变形由其组成各层的车辙变形累积而成，直接针对沥青面层评价和控制其抗车辙性能应是最直接的方法。本书介绍了适用于沥青面层结构的车辙试验新方法，其特点在于能够模拟重载车慢速爬坡和沥青路面内部的温度场；提出了沥青面层结构整体抗车辙性能控制标准的确定方法，分析了交通量对其的影响；基于车辙试验新方法和沥青面层结构整体抗车辙性能控制标准，提出了一种考虑抗车辙性能的沥青面层结构组合比选方法；建立了一种将沥青面层整体动稳定度控制标准分解到各层位沥青混合料的方程，基于该方程提出了一种将沥青面层结构和沥青混合料抗车辙性能统一起来的沥青路面结构设计方法。

本书是对作者十年来从事沥青路面抗车辙性能研究成果的总结和提炼，得到了河北省高速公路管理局、湖北高路鄂西高速公路有限公司、湖南省交通规划勘察设计院、中国路桥工程有限责任公司、广东长大公路工程有限公司的大力支持，在此表示衷心的感谢。同时感谢周立波、龙尧、邹骏、易尚鹏、单楠、李爽、匡姣姣、刘广、罗增杰、陈善祥、刘敬、刘浩、徐从家、杨慧游、颜加俊、谢博、马旭、石苏意等研究生为本书的试验和分析所付出的辛苦和努力。作者开展的一系列沥青路面抗车辙性能研究，离不开张起森教授的帮助和指导，以及叶群山副教授的辛勤付出，在此一并表示感谢。

本书的最后成果是考虑抗车辙性能的沥青面层结构组合比选方法和沥青路面结构设计方法，其中有不少是全新的概念和提法，加之作者水平有限，本书在某些方面尚不成熟，敬请读者批评指正。如果此书能够给读者带来一些启发或灵感，作者将深感欣慰。

作　者

2016年3月26日于长沙

目　　录

第 1 章　绪论……………………………………………………………………… 1

1.1　常用车辙防控措施与方法 ………………………………………………… 1

1.2　长大纵坡路段车辙病害与影响因素分析 ……………………………… 7

1.3　存在的问题……………………………………………………………… 17

第 2 章　沥青混合料抗车辙性能评价指标之间的相关性 ………………… 19

2.1　沥青混合料抗车辙性能各种试验及结果……………………………… 19

2.2　标准试验条件下各指标之间相关性…………………………………… 32

2.3　改变试验条件后各指标之间相关性…………………………………… 37

2.4　沥青混合料各种抗车辙性能评价指标的统一性……………………… 44

第 3 章　车辙试验新方法 …………………………………………………… 46

3.1　材料车辙试验评价方法的局限性……………………………………… 46

3.2　标准车辙试验机的改进………………………………………………… 49

3.3　车辙试验新方法………………………………………………………… 51

3.4　特殊条件下车辙试验与分析…………………………………………… 61

3.5　车辙试验新方法用于解释长大纵坡路面车辙现象…………………… 69

第 4 章　沥青面层结构抗车辙性能控制标准确定方法 …………………… 75

4.1　沥青面层整体动稳定度控制标准确定方法…………………………… 75

4.2　固定交通量下沥青面层整体动稳定度控制标准确定方法…………… 77

4.3　不同交通量下沥青面层结构动稳定度控制标准确定方法…………… 87

第 5 章　考虑抗车辙性能的沥青面层结构组合比选方法 ………………… 99

5.1　比选方法………………………………………………………………… 99

5.2　考虑抗车辙性能的长大纵坡路段沥青路面结构比选实例 ………… 100

5.3　考虑抗车辙性能的正常路段沥青面层结构比选实例 ……………… 109

第 6 章　考虑抗车辙性能的沥青面层结构设计方法…………………………… 128
6.1　沥青面层动稳定度控制标准的层位分解方法 ………………………… 128
6.2　基于抗车辙性能的结构组合设计原则 ………………………………… 133
6.3　沥青面层结构和混合料抗车辙性能统一设计方法 …………………… 138
6.4　考虑抗车辙性能的沥青路面结构组合设计方法应用示例 ………… 140
参考文献……………………………………………………………………………… 143

第1章　绪　　论

车辙是沥青路面使用过程中经常出现的一种病害，目前普遍认为有失稳型车辙、结构型车辙和磨耗型车辙三种类型，失稳型车辙主要源于沥青混合料内部材料发生了剪切流动，结构型车辙主要源于路基变形，磨耗型车辙主要源于表面磨损。我国半刚性基层沥青路面的车辙主要发生在沥青面层，**本书主要针对失稳型车辙**介绍评价沥青面层整体抗车辙性能的试验方法。

车辙对路面使用品质的影响在于：这种道路纵向的不平整影响汽车行驶的平稳性，车辙处路面结构变薄容易诱发其他病害，在汽车变道行驶时影响车辆的操控性，在雨雪冰冻天气下车辆更容易漂移或打滑，严重影响行车安全。国内外针对沥青路面的车辙问题已经开展了大量研究，本书主要以沥青面层整体为研究对象，介绍评价其抗车辙性能的方法，以及考虑抗车辙性能的沥青面层结构组合比选方法与结构设计方法。

1.1　常用车辙防控措施与方法

由于车辙影响路面结构性能及其给道路行车安全带来的隐患，道路工作者一直非常关注车辙问题，不仅深入探究了车辙形成机理，而且在积极探索预防和控制车辙形成和发展的措施与方法。国内外主要从内因和外因两方面来解释车辙形成的机理，内因主要包括沥青胶结料性质、沥青胶浆性质、矿料性质、级配类型和组成、沥青用量等，外因主要包括温度、汽车轴载和汽车行驶速度等。基于对车辙形成机理的认识，国内外主要从沥青路面结构设计层面和沥青混合料材料组成层面对车辙进行防控，具体的防控措施主要有沥青的改性、级配的优化和添加外加剂，以及采用各类试验方法评价沥青混合料的抗车辙性能等。

1.1.1　在沥青路面结构设计环节采用的车辙防控措施与方法

对于半刚性基层沥青路面而言，失稳型车辙主要发生在沥青面层。沥青面层由不同厚度的多种沥青混合料组合而成，这种结构组合设计应该遵循一定的原则以达到相应的整体抗车辙性能。概括起来，在结构设计层面主要有两种方法来防控车辙：一是通过建立车辙变形预估模型来计算所设计结构在设计年限末期的累积车辙变形，并与设定的容许车辙变形进行对比以指导结构组合设计，二是直接对所设计沥青面层结构开展室内外试验来检验其是否能够抵抗车辙。

1.1.1.1　车辙预估

沥青路面车辙预估首先需要明确采用何种本构模型来模拟沥青混合料的力学特性，沥青混合料的本构模型本身也是路面工程领域的一个研究热点，各种模型几乎都曾被用于分析沥青路面的车辙变形，如弹塑性、黏弹性和黏弹塑性模型以及非线性黏弹性、时间硬化蠕变模型等，但面临的问题是模型越复杂越能准确模拟沥青混合料的力学特性，将其用于车辙预估的精度也越高，但同时模型参数的确定越困难。

无论对车辙变形的计算采用何种沥青混合料本构模型，沥青路面车辙预估模型的建立都采用经验法、力学法或力学经验法。

经验法通常采用长期跟踪观测实体工程得到的数据，采用数学方法建立车辙预估模型，如以 AASHTO 试验路的测试数据为基础，国内外学者就曾提出了许多种车辙预估模型，并用于指导沥青路面的结构组合设计；近些年国内外也曾开展室内加速加载足尺试验，如直道试验、环道试验和利用可移动式加速加载设备开展的试验，有学者也曾基于这些试验数据回归得到过各类车辙预估模型。采用经验法建立的车辙预估模型，因为其数据来源一般都是在设定的条件下得到的，如温度环境、荷载大小和加载频率等，而且其试验对象——路面结构形式单一或者较少，据此得到的车辙预估模型很难推广应用到其他环境下的不同路面结构，这是限制基于经验法的车辙预估方法发展的一大瓶颈。

力学法主要通过力学计算建立车辙预估模型，计算方法主要包括求解理论解析解和数值模拟计算。前者如采用黏弹性层状体系理论进行力学推导，但是由于力学求解的复杂性，很难得到精确的解析解。数值模拟计算是目前的主流方法，主要采用有限元理论开展计算；为不断提高预估模型的精度，国内外学者采用了各种各样的本构方程来描述沥青混合料的力学特性。与经验法相比，采用力学法建立的车辙预估模型应该具有更好的外延性，即更加便于推广应用；但是如前所述，模型越复杂，其预估精度越高，同时沥青混合料的力学性能参数获取难度越大；另外，力学计算模型大都对实际路面工程结构分析对象进行了一系列的假定，在此基础上通过力学计算建立的车辙预估模型很难反映工程实际。

力学经验法既采用力学法建立的车辙预估模型，又根据经验法收集到的实体工程数据或试验数据对预估模型进行适当的修正，如采用黏弹性理论求解位移，再结合室内外有关试验，建立沥青层的永久变形与路表弯沉、材料参数及荷载之间的关系式。力学经验法正视了力学法纯理论计算与工程实际难以吻合的问题，对关键参数根据经验法进行适当修正，大大提高了预估模型的推广应用程度，代表着目前车辙预估模型的发展方向。

1.1.1.2 试验检验

在沥青路面结构设计时，对拟订的多种沥青面层结构直接开展车辙试验，对比其抗车辙性能，并检验其是否能够抵抗车辙。

修筑实体工程对比各种沥青路面结构的抗车辙性能是最直接的方法，包括对实体工程的长期跟踪观测和加速加载试验。但是对试验路进行长期性能观测耗时太长，收集的资料往往对现时的路面结构设计不具有指导意义。加速加载试验是目前足尺试验的主要方式，通过可控制的较重轴载在短时间内对足尺路面结构进行加速加载，模拟较长时间内实际交通荷载作用下路面车辙的产生和发展。加速加载试验可在工程现场试验路段、室内直线形试验道和环形试验道上进行，主要的加速加载设备有 WesTrack、NCATTrack、ALF、HVS、MLS 等。加速加载试验能有效地控制荷载大小、加载频率等加载方式影响因素，还能设计温度和湿度条件，是评价和开展沥青路面整体抗车辙性能的有效方法，但这些试验设备昂贵，试验成本过高，试验周期长，一般不轻易开展；而且也正是因为这个原因，如果仅将此类试验用于某条公路路面结构设计是不具性价比的，一般都会根据长期试验结果建立车辙预估模型，以得到更广泛的应用。

与加速加载试验相比，全厚式车辙试验周期短，费用低廉，正在受到业内的关注。该方法采用的试验设备可以是汉堡车辙试验机，也可以是经过改进的国产车辙试验机，试验对象是室内成型的多层式沥青混合料或者从现场取样的沥青面层试样。但是汉堡车辙试验机最多只能测试双层式沥青面层组合式试件的抗车辙性能，而经过改进后的国产车辙试验机可以适应国内几乎所有厚度的沥青面层。采用这种方法进行多种沥青面层组合结构的抗车辙性能对比，试验周期短，费用不高，完全能够满足路面结构设计阶段的需求。但是，我国目前尚缺少相应的试验规程和沥青面层整体动稳定度控制标准，限制了该方法的应用推广。本书正是作者近年来在沥青面层整体抗车辙性能评价与控制方法方面研究成果的总结。

1.1.2 在沥青混合料材料组成设计环节采用的车辙防控措施与方法

在沥青路面结构设计环节，通过车辙预估方法或试验检验后设计的沥青面层结构，理论上是能够抵抗车辙的，但是在路面施工阶段很难对沥青面层结构进行抗车辙性能检验，而且工程部门更关心的是沥青混合料的抗车辙性能（因为其相对可控），目前国内外对车辙问题的研究也主要是集中在沥青混合料层面。

在沥青混合料车辙形成机理研究的基础上，国内外从沥青混合料材料组成和试验检验方面提出了一系列的措施与方法来提高和控制其抗车辙性能。

1.1.2.1 优化材料组成

概括起来，提高或控制沥青混合料抗车辙性能的措施主要包括：改善沥青和沥青胶浆性质、优选集料、控制级配、添加外加剂等。

目前认为沥青路面失稳型车辙的产生机理在于沥青混合料产生了剪切流动，沥青混合料内部起黏结作用的沥青或沥青胶浆的性质对其抗车辙性能至关重要。为此，国内外提出了各种各样的改善措施，如对基质沥青进行各种改性，例如 SBS 改性沥青、橡胶改性沥青、岩沥青、superflex 沥青等；进一步的研究也发现，沥青胶浆对沥青混合料的抗车辙性能影响不容忽视，为此也提出了相应的控制措施，如控制粉胶比等。这些措施的目的在于尽可能提高胶结料与矿料的黏结性能，以抵抗剪切破坏。为达到这一目的，还可以通过保证集料颗粒表面有足够的沥青膜厚度，提高抗剪强度参数——黏结力 c；控制粗集料的棱角性和粗糙度以增强颗粒之间的内摩阻力，提高抗剪强度参数——内摩擦角 φ。

级配对沥青混合料力学性能的影响巨大，国内外也非常重视这方面的研究。车辙病害是沥青混合料高温稳定性不足的表现形式之一，级配类型对沥青混合料抗剪强度的形成有重要影响。骨架密实型级配能够同时获得较大的 c 和 φ，骨架空隙型级配能够获得较大的 φ，悬浮密实型级配能够获得较大的 c。按照尽量提高 c 和 φ 的原则，国内外又在各种级配类型范围内，对沥青混合料的级配进行过相应调整，如我国很多省份都从抗车辙性能的角度建议了优选级配。

随着研究的深入，国内外许多机构开发出了能够增强沥青混合料抗车辙性能的添加剂，抗车辙剂种类众多，效果也各不相同，其作用机理主要在于能够通过集料表面增强、沥青改性以及弹性恢复等多重作用改善沥青混合料的性能。添加纤维是另外一种得到了广泛应用的提高沥青混合料抗车辙性能的措施，其作用机理在于纤维能够在集料骨架内搭桥交联而形成加筋作用。

1.1.2.2 试验检验

目前国内外用于评价沥青混合料抗车辙性能的试验方法主要有以下几类：

（1）马歇尔试验

20 世纪 70 年代我国引入了马歇尔法来评价沥青混合料的高温性能，利用马歇尔试验中的稳定度(S)和流值(F)来表征沥青混合料高温稳定性。很多单位把马歇尔试验作为沥青混合料高温性能最主要的项目,后来在实际工程运用中发现,虽然马歇尔稳定度与混合料的高温性能是有关的,但大量路况调查证明马歇尔稳定度与路面的车辙量没有良好的相关关系。目前普遍认为马歇尔试验用于确定沥青混合料的高温性能存在一定的局限性、片面性和孤立性:①马歇尔试验只是一种经验方法,只适用于特定的环境条件、荷载条件及材料类别;②按马歇尔试验确定的最佳沥青用量也并非控制车辙的最佳用量;③其主要设计指标同沥青混合料的路用性能缺乏直接关系,不能用于路面力学分析及路面结构设计;④不能充分度量混合料的剪切强度,难于估计路面的破坏抗力。

目前,马歇尔试验不再用于检验沥青混合料的高温稳定性,而主要用于进行沥青混合料配合比设计和施工质量检验。

(2)轮辙试验

①我国车辙试验仪

轮辙试验是评价沥青混合料抗车辙能力的室内试验方法,最早由英国的TRRL发明,日本、澳大利亚及欧美不少国家广泛应用,其试件尺寸和试验条件各不相同。我国在“七五”期间开发了自己的第一代车辙试验机,“八五”期间又按照日本的原型研制了新型的车辙试验机。这种室内小型车辙试验由于试验设备简单、易于推广,试件制作容易,试验费用低,且与实际路面的车辙有一定的相关性,目前已成为我国检测沥青混合料高温稳定性能的最主要方法。

我国《公路工程沥青及沥青混合料试验规程》(JTG E20—2011)规定,轮辙试验的试验温度与轮压根据有关规定和需要选用,一般采用试验温度为60℃,轮压为0.7MPa。根据需要,在寒冷地区可采用45℃,高温条件下可采用70℃。我国规范采用动稳定度(即DS)来评价沥青混合料的抗车辙性能,动稳定度是通过测定车轮荷载作用次数与板块试件的变形关系得,即沥青混合料在高温条件下每产生1mm变形时,所承受的标准轴载的作用次数。

②沥青路面分析仪(APA)

沥青路面分析仪(APA)是在GLWT的基础上发展而来的,最早由美国路面技术有限公司于1996年生产出第一台APA。GLWT是由乔治亚州运输部和佐治亚技术学院于20世纪80年代中期联合研究开发成功的。到目前为止,已有许多试验数据证明可用GLWT及由之发展得到的APA试验评价沥青混合料性能。GLWT试验的加载方式为将445N的荷载作用在气压为690kPa的压力胶管上,压力胶管压在试件表面。施加在压力胶管上的铝制轮轴,试验时在胶管上前后循环作用8000次。APA是美国路面技术公司生产的一种大型的试验设备，可用于对沥青混合料进行车辙、疲劳和水损坏的试验研究。

APA 试验是 GLWT 试验的第二代，其试验程序与 GLWT 类似，也是在压力胶管上施加轮载前后作用使沥青混合料产生车辙，不同之处在于 APA 试验的试件可以处于干燥状态也可以浸在水中。APA 试验的试件可以是梁式或圆柱体试件，目前用得比较多的梁式试件成型方法为振动压实成型，也有一些研究人员使用小型碾压设备来成型梁式试件，圆柱体试件用旋转压实仪成型。梁式试件的空隙率为 7%，圆柱体试件空隙率为 4%或 7%。APA 试验的温度范围为 40.6～64℃，由于 APA 可一次进行三个试件的平行试验，故每个温度下只需进行一次试验。APA 目前在北美地区有广泛的应用，我国部分科研机构也引进了 APA 设备并开展过相应试验研究。

③法国车辙试验机

法国车辙试验机在法国的应用已超过 20 年，美国也引入过法国车辙试验机，如科罗拉多州以及美国联邦公路局的 Turner-Fairbank 道路研究中心。

FRT 可以同时测试两块沥青混合料试件。试验试件为长 500mm、宽 180mm、高度 20～100mm 的长方体，通常由胶轮碾压设备成型试件。FRT 试验的加载通过对一个可以在试件表面来回运动的宽 90mm、气压为 600kPa 的轮胎施加大小为 5 000N 的垂向荷载来实现。试验过程中轮胎每秒钟在试件中心位置来回碾压两次。

FRT 试验的车辙深度被定义为试件变形量占试件起始厚度的百分比，试件的变形量通过 15 个传感器测试的试件车辙深度的平均值得到，15 个测试传感器沿试件长度方向布设 5 个断面，每个断面沿宽度方向布设 3 个点。法国采用的沥青混合料抗车辙性能评价标准为经过 FRT 试验机 30 000 个加载循环碾压之后车辙深度小于或等于试件原始厚度 10%的沥青混合料。

④汉堡试验机

汉堡试验机由德国汉堡的 Helmut-Wind 公司开发研制，用于评价交通量很大的沥青路面抵抗车辙和剥落的能力。汉堡试验采用的沥青混合料标准试件的尺寸为 260mm×320mm×40mm，试件一般由线性搓揉试验机成型，空隙率控制在(7±1)%。汉堡试验机也可以测试由 Superpave 旋转压实仪成型的圆柱体试件。按照我国沥青面层厚度组合状况，汉堡试验机最多可以用来进行上面层+中面层的组合式车辙试验。

试验时试件浸没在 25～70℃的恒温水浴中，其中 50℃是比较常用的试验温度。加载方式为通过 47mm 宽钢轮施加大小为 705N 的往复碾压荷载，当达到 20 000 个加载循环或试件表面的车辙深度达到 20mm 时结束试验。试验过程中钢轮的运行速度为 340mm/s。

(3)蠕变试验

蠕变试验通常包括单轴蠕变试验和三轴蠕变试验,两者都可以采用静态加载和动态加载两种模式。单轴静载蠕变试验最初由壳牌石油公司试验室(KSLA)开发,试验时对圆柱体试件在轴向施加一瞬时荷载(应力),并保持该荷载(应力)大小不变,经过一段时间后立即卸载,由此得到蠕变曲线。与单轴静载试验相比,单轴重复荷载试验(单轴动态蠕变试验)能较好地反映实际交通荷载的作用,一般采用正弦波形荷载模拟汽车动力荷载。三轴蠕变试验可以模拟沥青混合料所处的轴对称应力环境,试验结果与沥青混合料抗车辙性能的相关性也比单轴蠕变试验要高,但是对试验设备要求较高,试验操作也较为复杂。

(4)剪切试验

目前普遍认为沥青路面车辙的产生机理在于沥青混合料的剪切流动,通过其抗剪强度来评价沥青混合料的抗车辙性能也就顺理成章了。常用的试验方法有围压三轴试验、动三轴试验等,还有美国 SHRP 计划推荐过的恒高度简单剪切试验、恒高度简单剪切重复荷载试验和频率扫描试验等。

三轴试验普遍对设备要求较高,试验设备昂贵且操作复杂,不利于工程推广应用。

(5)单轴贯入试验

单轴贯入试验是同济大学提出的一种沥青混合料性能试验方法,该试验是将路面模型简化为一定尺寸的圆柱体,再将一定的轴向压力施加在圆柱体上,当 r/R 的值足够小时,试件内部受力状态与路面实际受力较为接近,其中 r 为压头直径,R 为试件的直径。该试验能得到抗剪强度的参数 c 和 φ,其本质上属于一种剪切试验方法。因其对试验设备要求不高,操作简便,在我国正得到越来越多的应用。

1.2 长大纵坡路段车辙病害与影响因素分析

国内外虽然从结构设计和沥青混合料材料组成层面提出了各种各样的车辙防控措施,但是我国沥青路面的车辙问题并没有得到彻底解决,下面以长大纵坡路段沥青路面的车辙现象为例进行说明。

山区高速公路为克服高程,避免工程造价过大,往往在线形指标上不如平原微丘区那样富余,回旋余地较小,通常平曲线半径较小,纵坡较陡(>3%)较长,当超载车辆在上坡段行驶时,速度很慢,这种路段在通车后短短的几年甚至是几个月就产生了很严重的车辙,作者曾经调查过京港澳高速公路广东北段连续13km上坡路段的车辙情况。

京港澳高速公路某段2003年4月建成通车,其K15+900~K39+180路段(南行方向)为连续上坡,平均纵坡超过3%,其K39+180~K52+180路段(北行方向)也为连续上坡。原设计路面形式除K76~K85段为水泥混凝土路面外其余部分均采用沥青路面,沥青路面除K21+530~K51+200和坪石隧道表面层采用4.5cmSMA-16外,其余表面层均采用4.5cmAK-16A,中面层为5.5cm AC-20I,下面层为6cmAC-25I,基层采用36cm6%水泥稳定碎石,底基层为20cm6%水泥稳定碎石。

1.2.1 车辙病害

该路段通车当年经过酷暑后部分路段(主要是南行上坡主车道、爬坡车道)路面出现了较严重车辙。2003年的调查和分析发现,该路段路面车辙深度主要分布在5~10mm范围内,其中南行车道路面车辙超过15mm的有14.3%,15~20mm的有8.2%,超过20mm的有1.0%,超过25mm的有0.6%。由于种种原因,2004年仅对车辙较严重的NK7+340~NK7+370、SK7+340~SK7+39、SK20+585~SK20+760、SK29+150~SK29+450、SK30+645~SK31+130进行了临时处治。

又经过1年多的运营,车辙更进一步发展,严重路段已经扩展到K17~K60,于2005年4月又对车辙深度2cm以上的路段进行车辙处治,针对不同的车辙状况采用了6种方案进行处治:

Ⅰ-1:4.5cm或5cmFAC-13改性沥青混凝土+改性乳化沥青黏层+原路面中下面层。

Ⅰ-2:4.5cm或5cmFAC-13改性沥青混凝土+PG76-22改性沥青碎石黏结层+原路面中下面层。

Ⅱ-1:4.5cm或5cmFAC-13改性沥青混凝土+改性乳化沥青黏层+5.5cm FAC-20改性沥青混凝土+改性乳化沥青黏层+原路面下面层。

Ⅱ-2:4.5cm或5cmFAC-13改性沥青混凝土+改性乳化沥青黏层+5.5cm FAC-20改性沥青混凝土+PG76-22改性沥青碎石黏结层+原路面下面层。

Ⅲ-1:4.5cm或5cmFAC-13改性沥青混凝土+改性乳化沥青黏层+5.5cm FAC-20改性沥青混凝土+改性乳化沥青黏层+6cmFAC-25改性沥青混凝土+下封层+透层+原路面基层。

Ⅲ-2:4.5cm或5cmFAC-13改性沥青混凝土+改性乳化沥青黏层+5.5cm

FAC-20 改性沥青混凝土＋PG76-22 改性沥青碎石黏结层＋6cmFAC-25 改性沥青混凝土＋下封层＋透层＋原路面基层。

又经过近 2 年的运营，2007 年 1 月再次进行检测时发现，一方面处治后的路段车辙明显减少，平均车辙深度大部分在 10mm 以下，说明铣刨后重铺的方法可以快速修复车辙病害，在短时间内可以提高路面行车安全性。车辙处治效果见表 1-1～表 1-5。

北行处治一层沥青路面车辙检测结果统计表 表 1-1

起讫桩号	长度（m）	车道	结构类型	轮迹	2005 年 4 月		2007 年 1 月		备注
					平均（mm）	最大（mm）	平均（mm）	最大（mm）	
NK65＋360～NK65＋380	20	主车道	Ⅰ-2	左	—	8	3	4	上坡 1%
				右	—	11	6.5	9	
NK59＋330～NK59＋391	60	主车道	Ⅰ-1	左	8.7	28	—	9	上坡 4%
				右	15	23	9	13	
NK59＋190～NK59＋250	60	主车道	Ⅰ-1	左	5.5	8	3.3	5	上坡 4%
				右	10	16	—	6	

注：坡度为该段的平均坡度。

南行处治一层沥青路面车辙检测结果统计表 表 1-2

起讫桩号	长度（m）	车道	结构类型	轮迹	2005 年 4 月		2007 年 1 月		备注
					平均（mm）	最大（mm）	平均（mm）	最大（mm）	
SK20＋520～SK20＋700	180	超车道	Ⅰ-2	左	—	—	4.3	7	上下坡
				右	—	—	9.3	22	
SK22＋472～SK22＋930	458	超车道	Ⅰ-2	左	—	—	未见明显车辙		上坡 2%
				右	—	—			
SK22＋773～SK22＋930	157	主车道	Ⅰ-1	左	20.4	43	3		上坡 2%
				右	38.5	59	4		
SK22＋930～SK23＋080	150	主车道	Ⅰ-2	左	12.6	16	1.5		上坡 2%
				右	22.3	36	1.5		
SK21＋650～SK21＋700	50	爬坡车道	Ⅰ-1	左	24.5	26	—		上坡 4%
				右	18.5	21	—		
SK22＋140～SK22＋172	32	爬坡车道	Ⅰ-1	左	20	22	—		上坡 2%
				右	31	45	—		

注：坡度为该段的平均坡度。

北行处治两层沥青路面车辙检测结果统计表 表 1-3

起讫桩号	长度(m)	车道	结构类型	轮迹	2005 年 4 月		2007 年 1 月		备注
					平均(mm)	最大(mm)	平均(mm)	最大(mm)	
NK66+040～NK66+080	40	主车道	Ⅱ-2	左	—	—	—	1	上坡1%桥
				右	—	—	—	2	
NK59+390～NK59+720	330	主车道	Ⅱ-1	左	28	44	17.1	25	上坡4%
				右	27.2	43	16.8	25	
NK59+250～NK59+330	80	主车道	Ⅱ-1	左	15.9	26	9	13	上坡4%
				右	23.5	29	8	10	
NK59+030～NK59+190	160	主车道	Ⅱ-1	左	12.2	25	12	20	上坡4%
				右	22.3	35	14.8	25	
NK58+380～NK58+670	290	主车道	Ⅱ-1	左	22.3	38	8.5	10	上坡4%
				右	26.1	49	7.7	9	
NK47+295～NK47+510	215	主车道	Ⅱ-1	左	11.9	15	3.7	7	上坡2%
				右	23.8	40	9	10	

注:坡度为该段的平均坡度。

南行处治两层沥青路面车辙检测结果统计表 表 1-4

起讫桩号	长度(m)	车道	结构类型	轮迹	2005 年 4 月		2007 年 1 月		备注
					平均(mm)	最大(mm)	平均(mm)	最大(mm)	
SK17+110～SK17+464	354	主车道	Ⅱ-1	左	11.3	25	3.9	10	上坡 1%
				右	23.6	53	7.3	20	
SK17+800～SK18+010	210	主车道	Ⅱ-1	左	15.7	30	6	6	上坡3%
				右	23.5	36	8	8	
SK18+790～SK18+860	70	主车道	Ⅱ-1	左	4.8	6	7	8	上坡2%
				右	27.2	50	16	20	
SK19+360～SK19+505	145	主车道	Ⅱ-1	左	11	18	14.8	20	上坡2%
				右	24.9	40	16.8	22	
SK21+590～SK22+380	790	主车道	Ⅱ-1	左	13.9	36	5.8	18	上坡2%
				右	29.5	62	7.5	20	
SK22+420～SK22+460	40	主车道	Ⅱ-1	左	20.3	29	7	7	上坡2%
				右	46.7	69	8	8	

续上表

起讫桩号	长度(m)	车道	结构类型	轮迹	2005年4月		2007年1月		备注
					平均(mm)	最大(mm)	平均(mm)	最大(mm)	
SK21+700～SK22+080	380	爬坡车道	Ⅱ-1	左	28.8	57	4	7	上坡3%
				右	28.6	50	4.8	10	
SK22+172～SK22+420	248	爬坡车道	Ⅱ-1	左	23.5	49	10.5	15	上坡1%
				右	23	37	11	15	
SK29+135～SK29+431	296	爬坡车道	Ⅱ-2	左	15.5	41	8.2	11	上坡1%
				右	21.9	38	10.8	18	

南行处治三层沥青路面车辙检测结果统计表 表1-5

起讫桩号	长度(m)	车道	结构类型	轮迹	2005年4月		2007年1月		备注
					平均(mm)	最大(mm)	平均(mm)	最大(mm)	
SK22+080～SK22+140	60	爬坡车道	Ⅲ－1	左	43.5	63	5	7	上坡3%
				右	64.5	67	6.5	10	
SK20+560～SK20+456	196	主车道	Ⅲ-1	左	13.7	31	4.2	7	上坡1%
				右	21.1	50	9.5	22	
SK22+380～SK22+420	40	主车道	Ⅲ-1	左	—	19	—	13	坡3%
				右	—	24	—	12	
SK22+460～SK22+773	313	主车道	Ⅲ-1	左	26	46	8.5	10	上坡2%
				右	40.4	60	15	12	

注:坡度为该段的平均坡度。

由表1-1～表1-5可见:

(1)车辙路段主要位于南行方向主车道,平均车辙深度集中在15～30mm之间,少数路段平均车辙深度超过40mm,如SK27+900～SK28+200段右轮迹位置平均车辙达到40.5mm,最大车辙达到65mm。

(2)调查同时发现,南行方向部分路段超车道也开始出现严重车辙,在SK25+600～SK25+900段超车道右轮迹位置平均车辙达到34.7mm,最大车辙达到40mm,而且主车道也存在严重车辙,说明车辙问题已经严重影响行车,驾驶员有意识地避开主车道而分流到超车道,从而导致超车道也出现严重的车辙。

(3)北行方向车辙主要集中在爬坡车道,在设置了爬坡车道的路段,车辙比同路段主车道车辙深,局部平均车辙达到15～25mm,说明爬坡车道发挥了分流重车的作用。

(4)调查也发现,车辙路段大部分在上坡路段,而且填挖方都出现了较严重的车辙。

(5)对横断面的量测发现,局部主车道路面已经发生推移,特别是设置了爬坡车道的路段,由于主车道与爬坡车道均有明显车辙,沥青层横向发生了推移变形,总体车辙影响范围约为3.6～4cm。

1.2.2 上坡路段车速调查

为更深入地分析上述长大纵坡路段车辙成因,本书作者又对上坡路段的行驶车辆进行了现场测速。

目前国内外车速测试仪器设备种类较多,主要有GPS全球定位系统、视频检测系统、雷达测速仪、红外线断面检测、感应线圈检测系统、超声检测系统等。在对国内外先进测速仪器设备分析、比较的基础上,根据采集运行车速数据的要求以及安全需要,作者主要采用对射式激光测速仪和手持式雷达测速仪。

调查路段的纵坡度为2%～5%。主要调查内容为大中型车辆在不同坡度、坡长的高速公路连续上坡路段上的运行速度。

在山区高速公路连续上坡运行速度调查中,在坡顶、坡底、中间路段分别设置观察断面,每个观察断面配备两人,在尽量减少速度观测对行车状态造成的影响的情况下,分别记录车牌号和进行雷达测速。为保证样本的完整性,对同一坡段进行试验观测时,要求同时开始作业,同时结束。本次观测选择该路段4个不同的纵坡路段,其中一处为坡长12.4km、平均纵坡度为3.1%的连续长大纵坡。观测期间,天气晴朗,观测时间为早上9点到下午6点的白天时段,基本消除外部环境对车辆运行速度的干扰,保证车辆以自由流通过待观测路段。

各纵坡路段主要线形指标、平均车速与最大车辙深度见表1-6。

上坡处坡度、坡长与平均车速表 表1-6

测点	坡长(m)	坡度(%)	平均车速(km/h)	最大车辙深度(mm)
A处坡脚	600	4.0	55.5	18
A处坡顶	600	4.0	40.67	20
B处坡顶	500	4.6	37.56	25
C处坡顶	1000	5.0	28.11	30
D处坡顶	12400	3.1	41.05	20

实测各坡段处车辆速度分布频率详见图1-1。

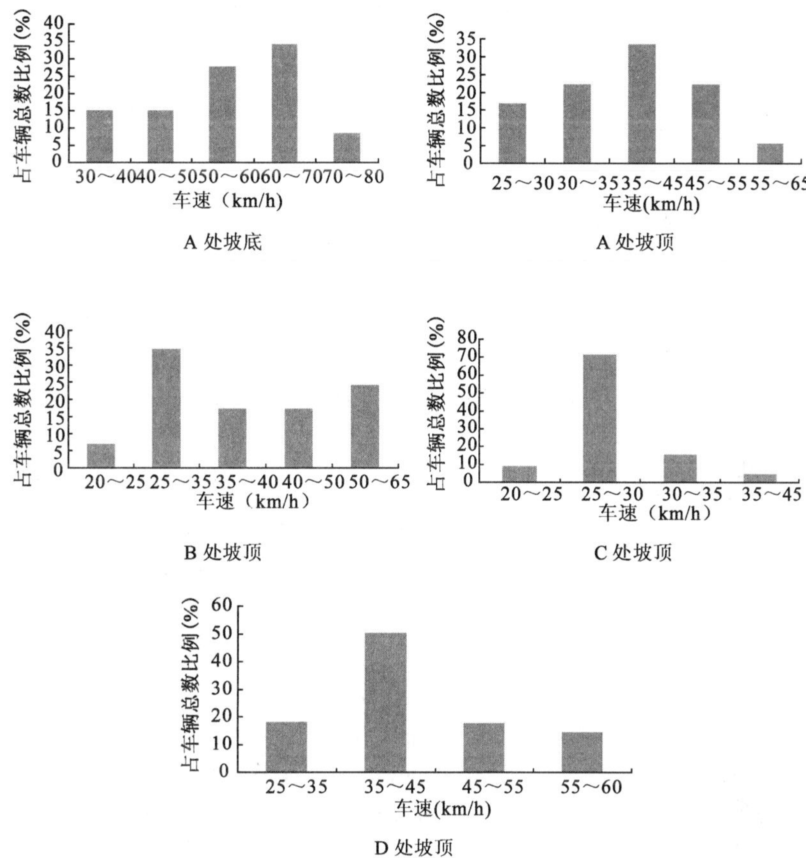

图1-1　上坡路段不同位置车速分布图

从图中可以看出：

(1)A处坡脚处车速主要集中在50～70km/h，坡顶处车速主要集中在35～45km/h，降到了设计车速的一半以下，坡顶处的平均车速比坡脚处的平均车速降低27%。坡脚处车辙深度最小，说明车辆爬坡过程中，车速不断降低，路面变形随荷载的作用时间增加而增大。

(2)C处的车辙深度大于A、B处，说明坡长越长，纵坡度越大，车辙深度越大。

(3)B处坡长比A处坡长大100m，纵坡度比A处大0.6%，而车辙深度比A处大；D处的坡长远大于B处，纵坡度比B处小0.9%，而车辙深度相同。说明纵坡度对车辙的影响程度大于坡长的影响程度。

1.2.3 车辙影响因素分析

本书后续章节会对该路段的车辙现象进行深入剖析，这里先对其车辙成因进行初步分析。根据路段实际情况，该长大上坡路段车辙的产生主要受以下几种因素影响。

1.2.3.1 温度的影响

调查路段自动气象站逐分钟路面温度、气温资料显示，2003 年 3 月至 2005 年 8 月间，晴天 14:00 平均路面温度（测试路段为 SMA16 表面层，其热容量较高，升温不明显）在全年有 11 个月都超过 30℃，其中 5～9 月达到 48.4～53.3℃（月平均气温达到 31.1～33.9℃），年平均晴天 14:00 路面温度达到 41.8℃（气温达到 26.3℃）；而且在 2004 年 6 月 27 日至 7 月 3 日和 2005 年 7 月 14 至 21 日该地区发生了两次典型的高温天气过程，这两次高温过程路面温度最高都接近 60℃，而且路温超过 55℃持续了 3 天。如果考察沥青面层下 2 cm的温度，以上路面温度数据还将增加，而且在表面层为 AK－16 的路段，这个数据还将变大。因此，可以说该路段之所以频繁产生车辙病害，与高温有直接的关系。调查时该路段曾经遭遇过高温，而且都在 40℃以上，出现车辙与沥青路面在高温下力学性能的衰退有直接关系。该路段实测数据表明，大气温度 35℃时 AK－16 表面温度达到了 61℃；更有甚者当道路经历几天的持续 40℃左右高温时，根据有关单位现场的简单测试，沥青路面 2cm 以下的实际温度接近 80℃。远远超过了所使用沥青（加德士 AH－70 普通重交沥青）的软化点，这正是产生车辙现象的主要原因之一。

1.2.3.2 交通量和车辆行驶速度的影响

所调查的路段交通比较繁重，且重型货车占据着轴载组成的相当大的一部分。实际上通车后交通量大幅增长，据统计年交通量增长率超过 6%，原设计交通量远小于实际交通量。且过往车辆多为过境重载车辆，重型货车占车流量的 55%，重载车普遍存在轮胎气压超标的现象，从调查结果看，最高气压达到 1.1MPa，平均轮胎气压比设计轮胎气压高 0.7MPa。

交通繁重还表现在轴载组成方面，该路段 2003 年的轴载调查显示，货车比例大，南行方向货车 313 辆，其中超载车 278 辆，占 85.2%，北行方向货车 194 辆，其中超载车 165 辆，占 88.3%。特别是近年随着经济的快速增长，省际物流也在快速增长，作为南北交通大动脉的京港澳高速公路交通量也在不断增长。

调查还表明，交通量在横断面上的分布对车辙影响也比较大，一方面左右两幅路面车辙状况不同，如该路段南行方向比北行方向车辙严重；另一方面不同车道之间的车辙程度对比明显，如车辙调查显示，行车道比超车道车辙严重得多，这是因为主车道和超车道通行的车辆轴重和通行速度有别，主车道主要是轴重大的车辆，而且行车速度相对较慢，轮胎对路面作用时间相对延长。

为了保证对上坡车速调查结果的可靠性，调查时采用车载测速雷达测量长大纵坡处的车速，选择了4个不同的纵坡路段作为测点，且每个测点处保证有一定数量的车辆数，一般每个测点处采集到的小客车与大型重载车辆数均不少于80辆。

各纵坡路段特征、测点位置及平均车速与最大车辙深度见表1-7。

上坡处坡度、坡长与平均车速表　　表1-7

测　　点	坡长(m)	坡度(%)	平均车速(km/h)	最大车辙深度(mm)
A处坡脚	600	4.0	55.5	18
A处坡顶	600	4.0	40.67	20
B处坡顶	500	4.6	37.56	25
C处坡顶	1000	5.0	28.11	30
D处坡顶	12400	3.1	41.05	20

车辆在上坡时，影响车速的因素较多，主要包括坡度大小、坡长及汽车自身功率质量比。小客车在爬坡过程中车速降低很小，在3%以下的坡道上行驶时，速度只受到轻微的影响，随着纵坡坡度的增大，车辆进入上坡路段后，基本呈减速趋势。而且随坡度的增加，小客车减速的幅度也逐步增大。在前500m减速幅度比较大，平均减速15～25km/h，而后500m平均减速为8～15km/h；在运行800m以后，速度渐渐趋于平稳。在长大上坡行驶时，运行速度下降幅度基本在20km/h以内。大型的重载车车速受坡度影响较大，当纵坡坡度大于3%时，在爬坡距离小于500m的距离范围内，汽车车速随爬坡距离的延长而急剧减小，坡度越大，速度减小越快；且纵坡坡度越大，重型车从初速减小到最终的恒定速度所需的爬坡距离越短，而且纵坡坡度比坡长对车速的影响更大。

1.2.3.3　路面坡度的影响

调查资料表明：①该路段产生的车辙比较严重，因为存在长大纵坡；②上坡路段车辙最严重，如该路段2003年4月通车，当年12月检测时就发现南行上坡路段产生严重车辙，经两次维修后，上坡路段仍然产生严重车辙；③上坡路段越接近顶部车辙越严重，如该路段南行约23km连续上坡路段中上段频繁产生严重车辙，该位置一般重型车辆的速度一般不超过 50km/h，甚至有些重型车辆只能局部蛇行前进，因此对路面的作用相当严酷。众多的研究已经表明，与小纵坡相比，大纵坡路段沥青路面受到的水平分力更大，而且车辆行驶速度更慢，与短纵坡相比，不仅车辆行驶速度慢，而且到达长纵坡顶部时速度更慢，因此导致纵坡沥青路面产生严重车辙。

1.2.3.4　材料的影响

(1)沥青胶结料性质

调查普遍反映，面层沥青混合料采用改性沥青的路面车辙比采用普通重交沥青 AH-70 的路面车辙要轻一些，而且面层双层或三层采用改性沥青的路面比单层采用改性沥青的路面车辙要轻一些，这充分说明了沥青胶结料性质对车辙的巨大影响。

该路段 K21＋530－K51＋200(连续纵坡路段)2003 年 4 月通车时虽然表面层 SMA-16 采用 5％的岳阳巴陵牌 SBS YF-I-791 改性剂改性台湾 70 号基质沥青，动稳定度 6750 次/mm，南行和北行上坡路段仍然产生了严重车辙，2005 年经车辙处治后车辙情况有所好转，这主要源于处治措施采用的是多层改性沥青混合料，至于 2007 年检测时发现该路段车辙仍然是主要病害，则说明如何解决超长连续纵坡路段车辙问题有待进一步研究。表 1-8 所示为所调查高速公路沥青路面材料及结构组合。

所调查高速公路沥青路面材料及结构组合　　表 1-8

路　段	上面层	中面层	下面层	车　辙
原设计 K21＋530～K51＋200	4.5cm 改性沥青 SMA-16	5.5cm AH-70AC-20I	6cm AH-70AC-25I	严重
原设计其余路段	4.5cm AH-70AK-16A	5.5cm AH-70AC-20I	6cm AH-70AC-25I	严重
2005 年车辙维修方案Ⅰ	5cm 改性沥青 FAC-13			
2005 年车辙维修方案Ⅱ	5cm 改性沥青 FAC-13	5.5cm 改性沥青 FAC-20		三个维修方案中最好
2005 年车辙维修方案Ⅲ	5cm 改性沥青 FAC-13	5.5cm 改性沥青 FAC-20	6cm 改性沥青 FAC-25	

(2)沥青混合料类型

调查结果表明 SMA 属骨架密实结构沥青混凝土，与密实悬浮结构和骨架空隙结构相比，骨架密实结构沥青混凝土抗车辙性能是最好的，调查结果正好验证了这种观点。

当然，沥青面层抗车辙性能的好坏与中下面层有很大的关系，特别是中面层，根据现行《公路沥青路面施工技术规范》的规定，“AC-20I 作为中面层用在重载及长大纵坡路段，其抗车辙性能明显不足”，该路段上坡路段中面层原设计采用的正是 AC-20I(动稳定度 2 097 次/mm)，这可能也是造成该路段通车不久即产生车辙的一个原因，2005 年车辙处治采用改性沥青 FAC-20 作为中面层后，2007 年检测结果反映车辙情况有所改善。

1.2.3.5 结构组合的影响

从沥青类型、上面层沥青混合料类型、中面层沥青混合料类型的组合情况来看，单从改善表面层沥青混合料抗车辙性能这个角度很难达到理想的抗车辙性能，需要上中下三层综合考虑。

该路段原设计表面层虽然采用了 SMA，但中面层却是抗车辙性能差的重交沥青 AC-20I，下面层是 AC-25I(已有研究表明，中面层对沥青路面抗车辙性能的好坏影响巨大)，这也是导致通车半年即出现严重车辙的一个不容忽视的因素，2005 年维修时也发现部分路段三层面层都产生了车辙。该路段 2005 年进行车辙处治时，虽然将中面层改为改性沥青 FAC-20，下中面层改为改性沥青 FAC-25，但同时表面层因为各种原因没有采用 SMA，而换成了改性沥青 FAC-13，到 2007 年检测发现，虽然采用了三层改性沥青，仍然出现了比较严重的车辙，从这个角度讲，结构组合可能是该路目前仍然被车辙困扰的主要原因。

1.3 存在的问题

沥青路面车辙是道路工程领域长期关注的热点问题，相关研究也已经比较深入了，包括车辙形成机理、车辙预估和增强沥青混合料抗车辙性能的措施与方法等，但是车辙病害仍然频繁发生，说明还需要更加深入系统地开展研究。

本章 1.2 节专门以重交通高速公路沥青路面连续长上坡路段的车辙现象为例，从该路段重型货车比例高、上坡车速慢、当地长时间高温天气以及沥青面层结构组合和沥青混合料组成等角度，初步分析了其车辙成因。这里再综合本章 1.1 节的研究现状综述，发现目前的抗车辙性能评价方法和车辙防控措施还存在以下问题。

1.3.1 对沥青面层整体抗车辙性能重视不够

对于沥青混合料的抗车辙性能，国内外无论是从材料组成角度，还是从抗车辙性能评价方法和防控车辙的措施和方法的角度，都已经比较系统和深入了。但是，沥青混合料抗车辙性能强并不能代表由其组合而成的沥青面层就能够抵抗车辙，因为所谓沥青混合料抗车辙性能"强"只是相对而言的，并没有深入考虑沥青混合料为沥青面层结构抗车辙性能应该做出的贡献。1.2 节的调查结果说明确实存在这种问题，该路段初始设计路面结构肯定是满足当时的规范要求的，但其在极短时间内就出现了严重车辙；在经过维修后，面层各层沥青混合料性能都得到了全面加强，但仍然在短时间内出现了严重车辙。这说明我们的沥青路面结构组合设计方法在对待抗车辙性能这个问题时，缺乏指导性，在需要"加强"抗车辙性能时无法确定需要"强"到什么程度；也说明仅仅控制沥青混合料抗车辙性能是不够的，毕竟"材料不能代替结构"。

1.3.2 沥青混合料车辙试验方法考虑不周全

我国规范推荐采用车辙试验(后文称标准车辙试验)来评价沥青混合料的抗车辙性能，并设定了固定的试验条件，如温度、荷载和加载速度等。但是，经过该方法检验合格的沥青混合料用于 1.2 节的长大上坡路面后，很快就出现了严重车辙，这就需要反思该试验所采用的条件是否能够真实反映实体工程的实际情况。一是加载速度:1.2 节的调查特别之处在于实际测试了上坡路段重型货车的爬坡车速，结果发现车速远低于正常行驶速度，而车辙试验时仍然采用规范设定的固定加载速度，很显然不能真实反映沥青混合料在长上坡路段的抗车辙性能；二是温度条件:标准车辙试验要求在沥青混合料试件内部处于均匀温度场，即处处均为 60℃，实际路面结构内部从路表往下不同深度处的温度是不同的，面层不同层位的沥青混合料实际所处的温度也是不同的，而温度对车辙试验结果影响显著。

1.3.3 沥青混合料抗车辙性能试验评价方法和指标多样，不便选择

从 1.1 节可以看到，评价沥青混合料抗车辙性能的方法有很多种，所采用的评价指标也各不相同。采用不同的试验方法来评价沥青混合料的抗车辙性能，必然会得到不同的结果。虽然学术研究提倡百花齐放，但也需要弄清楚各种方法之间是否存在联系以及存在什么样的联系。

第 2 章　沥青混合料抗车辙性能评价指标之间的相关性

第 1 章介绍过多种评价沥青混合料抗车辙性能的试验方法，有的试验方法采用单一评价指标，有的采用多指标。各种试验评价方法侧重点不一样，很难准确评判孰优孰劣。本章将研究各种试验评价指标之间的关联性，探讨是否能够通过调整试验条件，使各种试验评价方法在一定程度上达成统一。本章选择我国车辙试验、汉堡车辙试验、单轴贯入试验、静态蠕变试验和动态蠕变试验进行对比，试验材料选择了涵盖沥青路面上、中、下面层的 11 种沥青混合料，包括 SBS 改性沥青 SMA-13、SBS 改性沥青 AC-20C、SBS 改性沥青 AC-20C（掺纤维）、AC-25C（70 号沥青）、AC-25C（50 号沥青）、ATB-25（1）（70 号沥青）、ATB-25（2）（70 号沥青）、ATB-25（50 号沥青）、ATB-25（30 号沥青）、AC-20（1）（70 号沥青）和 AC-20（2）（70 号沥青），其中标注了（1）或（2）的表示采用的级配不同。

2.1　沥青混合料抗车辙性能各种试验及结果

2.1.1　单轴贯入试验

2.1.1.1　单轴贯入试验原理及方法

单轴贯入试验由同济大学孙立军教授课题组提出，该试验是将路面模型简化为一定尺寸的圆柱体，再将一定的荷载施加在圆柱体上，当 r/R 的值足够小时（其中 r 为压头直径，R 为试件的直径），试件受力状态与路面在车轮作用下的受力状态较为接近。与三轴试验相比，单轴贯入试验作为评价沥青混合料抗剪性能的方法更为简便。

这里采用 MTS 开展贯入试验（图 2-1），贯入压头直径 r 为 28.5mm，试件尺寸为高度×直径＝100mm×100mm 的圆柱体试件，试件四周不受侧向限制，底端竖直方向固定。试验前将试件放在 MTS 恒温箱中恒定 60℃保温 4 个小时，试验过程中加载速率为 1mm/min。

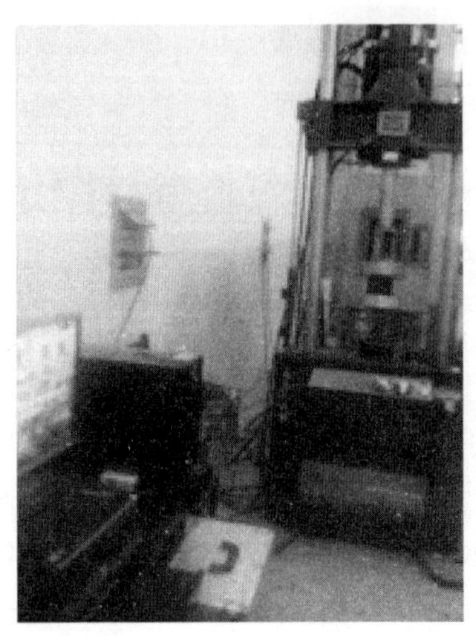

图 2-1 MTS单轴贯入试验

除开展单轴贯入试验外，还需要开展无侧限抗压强度试验（图 2-2）得到沥青混合料黏聚力 c 和内摩擦角 φ 这两个重要参数。

采用旋转压实成型的方法成型试件，如图 2-3 所示。该旋转压实仪运用的是“剪—压”原理，压实需要压实和剪切两个独立且必要的元素，剪切运动可以使在受压状态下的粒子结合得更紧密，形成一个更紧密的实体。成型时试件的几何形态是一个稍微有点倾斜的圆柱体，这个“倾斜角”（α）测试时绕着样本的中轴

图 2-2 无侧限抗压试验

图 2-3 旋转压实仪

线旋转，一次完整的旋转形成一次圆周运动，而任何一个圆周运动都会产生一定的剪应力。

2.1.1.2 单轴贯入试验结果

本试验参照同济大学孙立军教授提出的分析数据的方法，贯入强度为1MPa，泊松比为0.35时的强度参数如表2-1所示。

单轴贯入试验方法所用的强度参数 表2-1

C_1	C_3	C_τ
0.7650	0.0872	0.3390

表中 C_1 为求第一主应力 σ_1 时的强度参数，C_3 为求第三主应力 σ_3 时的强度参数，C_τ 为求最大剪应力 τ 时的强度参数。结合单轴贯入试验所得的力，通过下式可分别求得两个主应力及剪应力：

$$S = CP \tag{2-1}$$

式中：S——分别表示 σ_1、σ_3 和 τ；

C——各强度参数；

P——单轴贯入试验获得的压力。

为求得黏聚力 c 和内摩擦角 φ 这两个重要参数，结合无侧限抗压强度试验，可以得到侧限 $\sigma_3'=0$ 时的一组 σ_1' 值，再通过下式求解 c、φ 值。

$$\varphi = \arcsin\left[\frac{\sigma_1 - \sigma_3 - \sigma_1'}{\sigma_1 + \sigma_3 - \sigma_1'}\right] \tag{2-2}$$

$$c = \frac{\sigma_1'}{2}\left[\frac{1-\sin\varphi}{\cos\varphi}\right] \tag{2-3}$$

其中：$\sigma_1'=P'/A\times1\,000$（$P'$ 为无侧限抗压试验所得的压力，A 为试件受压面面积：$A=3.14\times50\times50\text{mm}^2$）。

单轴贯入及无侧限抗压试验结果见表2-2所示。

单轴贯入及无侧限抗压试验结果 表2-2

级配类型	P (kN)	P' (kN)	σ_1 (MPa)	σ_3 (MPa)	τ (MPa)	σ_1' (MPa)	c (MPa)	φ (°)
SMA-13(SBS)	5.29	11.50	4.0469	0.4613	1.7933	1.465	0.3096	44.20
AC-20C(SBS+纤维)	4.80	10.89	3.6720	0.4186	1.6272	1.3873	0.2969	43.68
AC-20C(SBS)	4.70	10.65	3.5955	0.4098	1.5933	1.3567	0.2902	43.69
AC-20(1)(70号)	4.30	10.30	3.2895	0.3750	1.4577	1.3121	0.2857	42.96
AC-20(2)(70号)	3.96	9.80	3.0294	0.3453	1.3424	1.2484	0.2749	42.49
AC-25C(50号)	3.59	8.83	2.7464	0.3130	1.2170	1.1248	0.2471	42.58

续上表

级配类型	P (kN)	P' (kN)	σ_1 (MPa)	σ_3 (MPa)	τ (MPa)	σ_1' (MPa)	c (MPa)	φ (°)
AC-25C(70号)	3.42	8.31	2.6163	0.2982	1.1594	1.0586	0.2316	42.76
ATB-25(30号)	3.68	8.80	2.8152	0.3209	1.2475	1.1201	0.2439	42.98
ATB-25(50号)	3.40	8.22	2.6010	0.2965	1.1526	1.0471	0.2287	42.83
ATB-25(1)(70号)	2.90	7.96	2.2185	0.2529	0.9831	1.014	0.2323	40.79
ATB-25(2)(70号)	2.42	6.91	1.8513	0.2110	0.8204	0.8803	0.2052	40.03

2.1.2 静态蠕变试验

试验荷载为0.1MPa,试验温度分别40℃、50℃、60℃,基于试验所得到的混合料静态蠕变应变—时间曲线提取多种试验参数,探究不同温度(40℃、50℃、60℃)、不同试件尺寸(直径×高度=100mm×148mm、直径×高度=100mm×100mm)对这些参数的影响。根据招商局重庆交通科研设计院有限公司进行的对比试验结果:预载水平过高,在预载阶段即可全部或部分完成试件的初始永久变形,从而使得后期试件蠕变变形相应减小,会导致蠕变劲度增大;预载水平过小时,需要较长的试件预载应力才能消除试验本身的不确定因素导致的试验误差。考虑到这种预载应力对试验的影响,本节静态蠕变采用0.002MPa的预载应力水平。为研究不同试件尺寸对试验结果的影响,本节试件尺寸分为直径100mm、高度100mm和直径100mm、高度148mm两种。试件通过旋转压实成型。

2.1.2.1 静态蠕变试验原理及方法

目前一般认为沥青混合料在荷载作用下的变形经历三个阶段:

(1)迁移期,变形迅速增大,但应变速率随时间增加逐渐减小;

(2)稳定期,应变稳定增长,但应变速率基本保持不变;

(3)破坏期,应变速率随时间增加迅速增大直至破坏。

流变时间定义为总体积不再发生变化的情况下,剪切变形开始的时间,即第三阶段开始处为流变点,相应时间为流变时间FT。对于蠕变柔量—加载时间曲线,在流变发生前,可按幂函数形式 $D=at^{m}$ 进行拟合,其中 a、m 分别为柔量—时间半对数图上直线部分的截距和斜率;其中 t 越大,混合料劲度越大,抗车辙性能越好,而 a、m 值越大,混合料永久应变就越大,抗车辙性能也就越差。

为研究沥青混合的高温性能,美国联邦公路局(FHWA)资助国家联合公路研究项目(NCHRP)研究开发了SPT(Simple Performance、Test)试验方法。

SPT 主要包括动态模量、静载蠕变、重复荷载试验以及重复剪切试验等。本试验采用 SPT 沥青混合料基本性能测试仪,如图 2-4 所示,该试验设备由电动液压加载系统、围压系统、环境室以及相应的控制系统所组成。

试验步骤如下:

(1)首先将试件编号,在恒温箱中保温三个小时;

(2)将式样准备链接空气压缩机;

(3)将式样准备机的三个夹杆装上纽扣式不锈钢件,在不锈钢件的外表面涂胶,放入试件,打开 PRESSURE 开关使不锈钢件紧贴;

(4)将橡胶膜反套在透明塑料膜内,连通试件准备机,打开 VACUM 开关;

(5)将试件的上下两个端面垫不锈钢块后放入橡皮膜内,再包住试件的垫块;

(6)试件准备好后启动仪器电源,使用电脑程序开始试验。

图 2-4 SPT 沥青混合料基本性能测试仪

为消除试验本身的不确定因素对试验结果的影响,综合国内外的研究现状,在试验前以 0.002MPa的预载应力首先预加载 10min。这样既可以减小因预载应力过小而导致的试验本身的误差,又可以防止预载应力过大而使得试件的永久变形预载阶段已全部或部分完成。预载后加载至恒定的应力水平,恒载 3 600s。

2.1.2.2 静态蠕变试验结果

对于静态蠕变试验,并无规范限定其标准试验条件。在本次研究中,静态蠕变标准试验采用 NCHRP 研究报告中推荐的标准静态蠕变试验条件 40℃、0.1MPa,所用试件尺寸同单轴贯入试验尺寸直径×高度=100mm×100mm。变化三种温度及两种试件尺寸条件,对 11 种混合料开展了静态蠕变试验研究,提取了各试验条件下截距 a、斜率 m、流变时间 FT,流变点应变 s、通过计算得到了 s/FT 指标值。

对于各试验条件下的试验结果,以下标形式区分各试验条件:

对于 40℃、0.1MPa、100mm×100mm 尺寸试件,记该试验条件下所得试验指标为 m_{11}、FT_{11}、s_{11}/FT_{11};

对于 50℃、0.1MPa、100mm×100mm 尺寸试件,记该试验条件下所得试验指标为 m_{12}、FT_{12}、s_{12}/FT_{12};

对于 60℃、0.1MPa、100mm×100mm 尺寸试件，记该试验条件下所得试验指标为 m_{13}、FT_{13}、s_{13}/FT_{13}；

对于 40℃、0.1MPa、100mm×148mm 尺寸试件，记该试验条件下所得试验指标为 m_{14}、FT_{14}、s_{14}/FT_{14}；

对于 50℃、0.1MPa、100mm×148mm 尺寸试件，记该试验条件下所得试验指标为 m_{15}、FT_{15}、s_{15}/FT_{15}；

对于 60℃、0.1MPa、100mm×148mm 尺寸试件，记该试验条件下所得试验指标为 m_{16}、FT_{16}、s_{16}/FT_{16}。

试验结果如表 2-3～表 2-8 和图 2-5 所示。

直径×高度＝100mm×100mm 静态蠕变 40℃试验结果　　表 2-3

序号	级配类型	a_{11}	m_{11}	FT_{11}	s_{11}	s_{11}/FT_{11}
1	SMA-13(SBS)	0.123 1	0.055 2	2 329	3 094	1.33
2	AC-20C(SBS+纤维)	0.122 9	0.078 7	1 692	2 175	1.29
3	AC-20C(SBS)	0.127 1	0.087 8	3 202	4 671	1.46
4	AC-20(1)(70 号)	0.146 1	0.080 4	3 408	5 136	1.51
5	AC-20(2)(70 号)	0.154 8	0.079 2	3 268	4 947	1.51
6	AC-25C(50 号)	0.151 2	0.086 9	3 092	4 814	1.56
7	AC-25C(70 号)	0.235 4	0.045 1	1 968	4 450	2.26
8	ATB-25(30 号)	0.215 2	0.056 0	1 402	3 573	2.55
9	ATB-25(50 号)	0.328 1	0.047 1	1 610	4 337	2.7
10	ATB-25(1)(70 号)	0.284 9	0.080 8	1 172	3 806	3.25
11	ATB-25(2)(70 号)	0.414 9	0.0714	978	3 194	3.27

直径×高度＝100mm×100mm 静态蠕变 50℃试验结果　　表 2-4

序号	级配类型	a_{12}	m_{12}	FT_{12}	s_{12}	s_{12}/FT_{12}
1	SMA-13(SBS)	0.097 0	0.076 5	1 031	1 642	1.6
2	AC-20C(SBS+纤维)	0.099 0	0.079 9	1 670	2 112	1.26
3	AC-20C(SBS)	0.134 4	0.062 9	3 592	4 778	1.33
4	AC-20(1)(70 号)	0.150 4	0.066 3	1 802	2 410	1.34
5	AC-20(2)(70 号)	0.170 0	0.063 8	2 571	3 485	1.36
6	AC-25C(50 号)	0.184 2	0.062 1	3 006	4 624	1.54
7	AC-25C(70 号)	0.204 9	0.067 2	1 518	2 653	1.75
8	ATB-25(30 号)	0.179 1	0.089 0	1 290	2 826	2.19
9	ATB-25(50 号)	0.176 9	0.097 0	1 550	3 528	2.28
10	ATB-25(1)(70 号)	0.316 2	0.053 0	681	1 668	2.45
11	ATB-25(2)(70 号)	0.248 3	0.083 3	858	3 180	3.71

直径×高度=100mm×100mm 静态蠕变 60℃试验结果　　表 2-5

序号	级配类型	a_{13}	m_{13}	FT_{13}	s_{13}	s_{13}/FT_{13}
1	SMA-13(SBS)	0.226 5	0.053 2	2 980	3 984	1.34
2	AC-20C(SBS+纤维)	0.231 8	0.060 8	2 358	4 483	1.9
3	AC-20C(SBS)	0.237 6	0.060 4	1 659	3 640	2.19
4	AC-20(1)(70 号)	0.245 3	0.063 1	1 872	4 559	2.44
5	AC-20(2)(70 号)	0.305 9	0.051 0	1 354	3 298	2.44
6	AC-25C(50 号)	0.331 2	0.043 9	1 348	3 572	2.65
7	AC-25C(70 号)	0.278 6	0.066 8	1 821	5 134	2.82
8	ATB-25(30 号)	0.332 9	0.048 0	1 390	4 650	3.35
9	ATB-25(50 号)	0.333 4	0.056 5	1 409	4 986	3.54
10	ATB-25(1)(70 号)	0.340 0	0.057 1	1 489	5 635	3.78
11	ATB-25(2)(70 号)	0.411 0	0.045 2	748	4 295	5.74

直径×高度=100mm×148mm 静态蠕变 40℃试验结果　　表 2-6

序号	级配类型	a_{14}	m_{14}	FT_{14}	s_{14}	s_{14}/FT_{14}
1	SMA-13(SBS)	0.188 2	0.074 3	3v568	3 088	0.87
2	AC-20C(SBS+纤维)	0.288 2	0.057 0	3 220	3 570	1.11
3	AC-20C(SBS)	0.237 9	0.068 2	3 012	3 765	1.25
4	AC-20(1)(70 号)	0.251 0	0.096 2	2 790	3 800	1.36
5	AC-20(2)(70 号)	0.288 0	0.084 8	1 880	3 182	1.7
6	AC-25C(50 号)	0.378 2	0.075 3	2 687	4 948	1.84
7	AC-25C(70 号)	0.371 2	0.114 3	2 032	4 999	2.46
8	ATB-25(30 号)	0.287 9	0.081 5	2 423	4 798	1.98
9	ATB-25(50 号)	0.463 3	0.059 8	1 892	4 450	2.68
10	ATB-25(1)(70 号)	0.385 1	0.080 8	1 730	5 150	2.98
11	ATB-25(2)(70 号)	0.293 0	0.130 1	1 312	4 338	3.31

直径×高度=100mm×148mm 静态蠕变 50℃试验结果　　表 2-7

序号	级配类型	a_{15}	m_{15}	FT_{15}	s_{15}	s_{15}/FT_{15}
1	SMA-13(SBS)	0.278 1	0.062 7	2 568	3 012	1.17
2	AC-20C(SBS+纤维)	0.314 3	0.052 2	2 739	3 670	1.34
3	AC-20C(SBS)	0.274 0	0.071 7	2 090	3 124	1.5

续上表

序号	级配类型	a_{15}	m_{15}	FT_{15}	s_{15}	s_{15}/FT_{15}
4	AC-20(1)(70 号)	0.276 2	0.076 9	203 1	3 204	1.58
5	AC-20(2)(70 号)	0.338 3	0.067 9	2 364	4 204	1.78
6	AC-25C(50 号)	0.369 8	0.076 6	2 040	4 481	2.2
7	AC-25C(70 号)	0.348 2	0.085 2	2 523	5 824	2.31
8	ATB-25(30 号)	0.433 0	0.066 8	1 342	3 230	2.41
9	ATB-25(50 号)	0.285 7	0.140 2	1 518	4 745	3.13
10	ATB-25(1)(70 号)	0.827 8	0.049 6	1 635	7 972	4.88
11	ATB-25(2)(70 号)	0.274 8	0.176 3	385.0	4 837	12.6

直径×高度＝100mm×148mm 静态蠕变 60℃ 试验结果 表 2-8

序号	级配类型	a_{16}	m_{16}	FT_{16}	s_{16}	s_{16}/FT_{16}
1	SMA-13(SBS)	0.206 9	0.065 2	3 439	3 690	1.07
2	AC-20C(SBS＋纤维)	0.246 8	0.067 7	2 650	3 475	1.31
3	AC-20C(SBS)	0.286 2	0.073 1	3 142	4 361	1.39
4	AC-20(1)(70 号)	0.343 3	0.052 1	1 311	2 238	1.71
5	AC-20(2)(70 号)	0.275 4	0.079 1	2 028	3 625	1.79
6	AC-25C(50 号)	0.380 7	0.044 8	3 001	6 257	2.09
7	AC-25C(70 号)	0.323 1	0.066 9	1 596	3 335	2.09
8	ATB-25(30 号)	0.407 4	0.057 9	859	2 631	3.06
9	ATB-25(50 号)	0.472 8	0.064 1	940	3 145	3.35
10	ATB-25(1)(70 号)	0.401 8	0.113 9	1 812	6 109	3.38
11	ATB-25(2)(70 号)	0.651 2	0.050 3	474	4 902	10.34

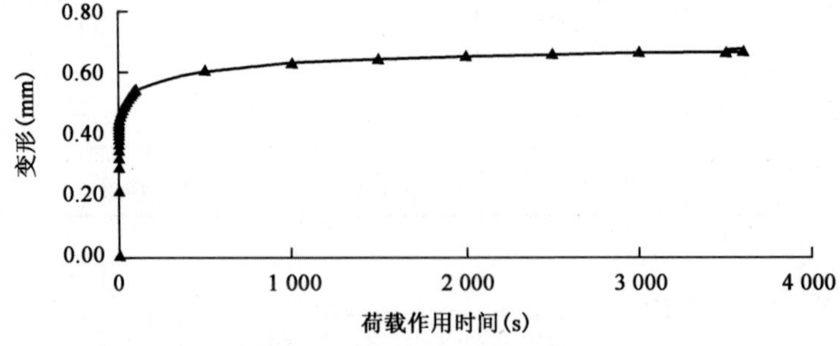

图 2-5 静态蠕变试验结果典型图

2.1.3 动态蠕变试验

对于动态蠕变试验，主要考虑试件尺寸对试验参数的影响。选取与前一节相同的11种沥青混合料类型，基于试验所得到的混合料动态蠕变应变—时间曲线，提取多种试验参数，探究不同试件尺寸（直径×高度＝100mm×148mm、直径×高度＝100mm×100mm）对这些参数的影响。试件通过旋转压实成型。

2.1.3.1 动态蠕变试验原理及方法

动态蠕变试验加载方式不同于静态蠕变试验，后者是对试验试件施加一个恒定的荷载，而动态蠕变采用的加载方式是间歇、循环式的，首先加载0.1s然后卸载0.9s，以1s为一个循环完成设定的蠕变循环次数。这种加载方式能更好地模拟实际路面的受力规律。在荷载的作用下，混合料的变形也会出现三个阶段，即迁移期、稳定期和破坏期。在稳定期内，永久应变（s）和作用次数（N）在双对数坐标系中呈幂指数关系，可拟合为 $s=aN^{m}$，式中 a、m 分别为应变—时间半对数图上直线部分的截距和斜率，其中 N 越大，混合料劲度越大，抗车辙性能越好，而 a、m 值越大，混合料永久应变就越大，抗车辙性能也就越差。

对于动态蠕变试验，采用与静态蠕变试验相同的试验设备——SPT沥青混合料基本性能测试仪。采用的试验温度及施加荷载与国内车辙试验标准条件相同，分别为60℃、0.7MPa，预载应力0.002MPa，预载10min。预载后加载至恒定的应力水平，设定两个试验停止条件，其一为循环加载5 000次，其二为100 000微应变。当试验达到这两个条件的其中之一时，试验停止。

2.1.3.2 动态蠕变试验结果

对于动态蠕变试验，并无规范限定其标准试验条件，在本次研究中，动态蠕变标准试验条件设定为：采用国内车辙试验标准试件条件60℃、0.7MPa。对11种混合料开展了动态蠕变试验研究，提取了截距 a、斜率 m、流变次数FN，流变点应变 s、计算可得到流变点应变与流变次数的比值 s/FN。

对于各试验条件下的试验结果，以下标形式区分各试验条件：

对于60℃、0.7MPa、100mm×100mm尺寸试件，记该试验条件下所得试验指标为 m_{21}、FN_{11}、s_{21}/FN_{11}；

对于60℃、0.7MPa、100mm×148mm尺寸试件，记该试验条件下所得试验指标为 m_{22}、FN_{12}、s_{22}/FN_{12}。

试验结果如表2-9和表2-10和图2-6所示。

直径×高度＝100mm×100mm 动态蠕变试验结果 表 2-9

序号	级配类型	a_{21}	m_{21}	FN_{11}	s_{21}	s_{21}/FT_{11}
1	SMA-13(SBS)	0.263 8	0.220 7	3 840	16 442	4.28
2	AC-20C(SBS+纤维)	0.529 8	0.150 6	4 401	19 397	4.41
3	AC-20C(SBS)	0.642 3	0.139 6	3 919	20 437	5.21
4	AC-20(1)(70 号)	1.390 4	0.085 9	4 520	28 732	6.36
5	AC-20(2)(70 号)	0.101 8	0.389 7	4 893	32 269	6.6
6	AC-25C(50 号)	0.377 0	0.253 1	3 246	24 150	7.44
7	AC-25C(70 号)	0.083 3	0.437 5	2 650	26 310	9.93
8	ATB-25(30 号)	0.152 0	0.379 8	1 999	27 096	13.55
9	ATB-25(50 号)	0.247 6	0.350 8	2 669	39 941	14.96
10	ATB-25(1)(70 号)	0.049 2	0.617 0	1 238	48 210	38.94
11	ATB-25(2)(70 号)	0.142 9	0.523 0	552	39 140	70.91

直径×高度＝100mm×148mm 动态蠕变试验结果 表 2-10

序号	级配类型	a_{22}	m_{22}	FN_{12}	s_{22}	s_{22}/FN_{12}
1	SMA-13(SBS)	0.092 8	0.711 6	4 820	15 230	3.16
2	AC-20C(SBS+纤维)	0.260 3	0.444 8	3 941	16 112	4.09
3	AC-20C(SBS)	0.261 8	0.425 1	3 750	26 700	7.12
4	AC-20(1)(70 号)	0.276 4	0.306 9	3 239	32 540	10.05
5	AC-20(2)(70 号)	0.251 0	0.332 7	1 898	19 098	10.06
6	AC-25C(50 号)	0.150 3	0.358 6	1 347	33 675	25
7	AC-25C(70 号)	0.192 8	0.476 3	793	38 643	48.73
8	ATB-25(30 号)	0.108 7	0.427 3	1 008	30 240	30
9	ATB-25(50 号)	0.187 5	0.436 8	626	31 280	49.97
10	ATB-25(1)(70 号)	0.352 2	0.351 4	413	26 443	64.03
11	ATB-25(2)(70 号)	0.168 7	0.520 9	415	46 400	111.81

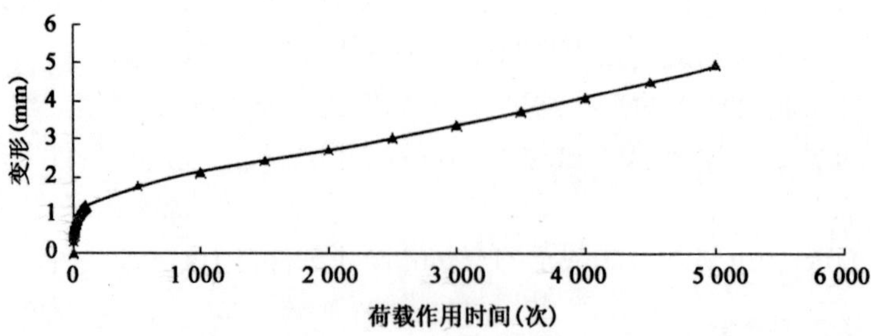

图 2-6　动态蠕变曲线典型图

2.1.4 国内车辙试验

2.1.4.1 国内车辙试验原理及方法

车辙试验主要以每产生1mm变形的行走次数即动稳定度为指标来评价沥青混合料的高温稳定性，我国的动稳定度取值为45～60min荷载作用下变形率的倒数。我国现行规范规定的车辙试验标准条件如下。

试验温度：试验环境温度(60±1)℃、试件内部恒定温度(60±0.5)℃；

试验轮尺寸：直径200mm，宽50mm，橡胶层厚15mm

试验轮标准轴载：(0.7±0.5)MPa；

轮碾速率：(42±1)次/min(21次往返)；

试验轮行走距离：(230±10)mm；

试件尺寸：300mm×300mm×(50～100)mm；

试验环境：非浸水；

试验终止条件：试验1h或者最大变形达25mm。

本节采用规范要求的标准条件进行车辙试验，具体试验步骤如下：

首先制备沥青混合料板式试件，对ATB-25(30号)、ATB-25(50号)、ATB-25(1)(70号)则需要各成型3个试件；开启车辙仪电源，启动电脑，进入自动车辙试验程序，使得车辙仪恒温箱开始预热；再将成型好的试件连同试模一起在常温下放置12h后即可开始车辙试验；在车辙仪恒温室温度达到(60±1)℃时，将试件连通试模一起放进恒温室内，并保证试件中心位置对准试验轮，保温5h，控制试件温度恒定为(60±0.5)℃；保温5h之后，启动试验机，使试验轮往复行走，开始碾压试件；1h后，保存试验所记录的数据，关闭电脑程序后关闭仪器电源，试验结束。

2.1.4.2 国内车辙试验结果

按照以上步骤对11种沥青混合料开展车辙试验，试验结果如表2-11所示。

沥青混合料车辙试验结果　　表2-11

混合料类型	SMA-13(SBS)	AC-20C(SBS+纤维)	AC-20C(SBS)	AC-20(1)(70号)	AC-20(2)(70号)	AC-25C(50号)	AC-25C(70号)	ATB-25(30号)	ATB-25(50号)	ATB-25(1)(70号)	ATB-25(2)(70号)
动稳定度DS(次/mm)	6 505.3	4 924	4 276.8	3 920	3 793	3 481	2 639.6	3 481	2 372	1 932	1 367.2

由表 2-11 试验结果可知，11 种沥青混合料动稳定度值排序为：SMA-13(SBS)>

AC-20C(SBS+纤维)>AC-20C(SBS)>AC-20(1)(70 号)>AC-20(2)(70 号)>AC-25C(50 号)、ATB-25(30 号)>AC-25C(70 号)>ATB-25(50 号)>ATB-25(1)(70 号)>ATB-25(2)(70 号)。

2.1.5 汉堡车辙试验

2.1.5.1 汉堡车辙试验原理及方法

汉堡车辙试验可用来进行热拌沥青混合料试件的车辙、水敏感性分析。试件可以是试验室成型好的 HMA 试件、板块状试件的切割件或路面压实后的取芯样。对于圆柱体试件，试件最小厚度应为该集料最大公称粒径的 2 倍，放在来回式钢轮下面进行荷载试验。试件浸在一定控温的水浴环境中，温度一般控制在 40～50℃之间，或者在空气浴环境中特定的温度条件下。试验测出试件在钢轮荷载条件下的变形行为，并画出试件变形与试验轮碾压次数的关系曲线图。

汉堡轮辙仪采用直径为 203.2mm(8in)、宽度为 47mm(1.85in)的钢轮，通过电控仪器控制。钢轮荷载为(705±4.5)N(1.58lb～1.0lb)，钢轮在试件表面往复滚动，随时间进行正弦加载。试验轮每分钟通过试件次数约为 50 次，最大速度可达到 0.305m/s(1ft/s)。汉堡轮辙仪温度控制系统用来控制温度，温控范围 25～70℃，控温精度±1℃(1.8°F)。水浴槽内有机械循环系统，用来稳定试件恒温箱内温度。汉堡轮辙仪压痕测量系统用来测量试验轮产生的轮辙深度的位移传感器装置，最小分辨率为 0.01mm (0.0004in)，测量区间为 0～20mm。传感器锚固在仪器上，可对板块试件上轮迹中心点的压痕深度进行测量，最少的情况下，试验轮通过试件 400 次时，即测量一次压痕深度。该系统能够在不停试验轮的情况下测量出车辙深度，且测量必须参考试件的通过轮次。汉堡轮辙仪轮辙计数器是一种非接触式螺线管，用来统计试件表面试验轮的碾压次数；考虑到试件车辙深度是通过轮次的函数，计数器出来的信号是轮迹测量数值的两倍。汉堡轮辙仪的试件固定系统采用不锈钢盘，牢固安装在轮辙仪上，在试验过程可以防止试件滑动，即使滑动，也只能在 0.5mm 位移内发生。考虑到水浴在各个方向的流通，系统要让试件悬置起来，并且系统能够保证试件各个边部具有最小 20mm(0.8in)的自由水流空间。

本节采用从意大利引进的汉堡车辙仪(图 2-7)开展汉堡车辙试验研究，对

三种 ATB-25 型沥青混合料分别成型圆柱体试件，试验试件尺寸为直径×高度＝150mm×60mm，在 60℃空气浴环境中进行试验。试验步骤如下：

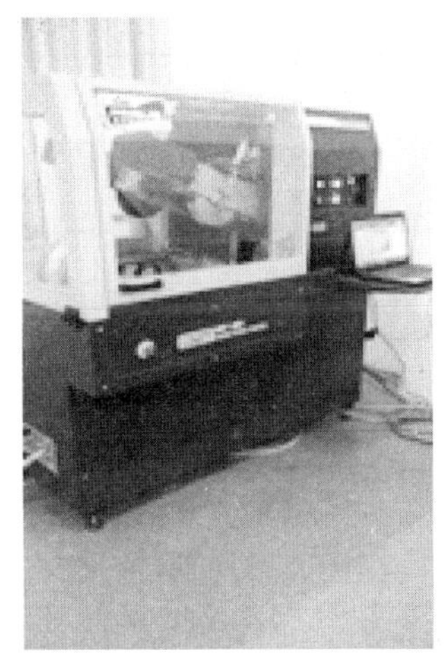

图 2-7 汉堡车辙仪

(1)采用旋转压实成型出直径×高度＝150mm×110mm 圆柱体试件，再切割出直径×高度＝150mm×60mm 试件备用；

(2)将聚乙烯模型紧靠板式试模的一边安放好，将切割后的圆柱体试件放在聚乙烯模型里面；

(3)按照 1∶1∶1 的加水比例调和熟石膏粉，拌和使其成糊状并且可以流动，快速填充到聚乙烯模型与板式试模非接触边的空隙中，填充均匀后静置一个小时以上；

(4)待石膏冷却凝固后，将试件连同试模放进恒温箱的特定位置，固定好后，盖上盖板，关上试验机上的防护门；

(5)启动仪器电源，进入电脑程序 DWT PAVE-Track，电脑操作预热命令，将试件预热至 60℃；

(6)开始试验，轮碾仪自动下降，接触试件中心处后自动碾压；

(7)历时约 7h，试验结束；

(8)保存数据，退出软件，关闭电脑后关闭仪器电源。

图 2-8 为汉堡车辙试件及试模安装图。

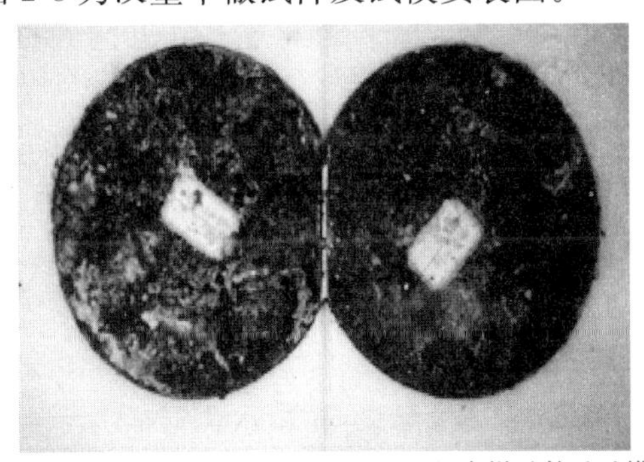

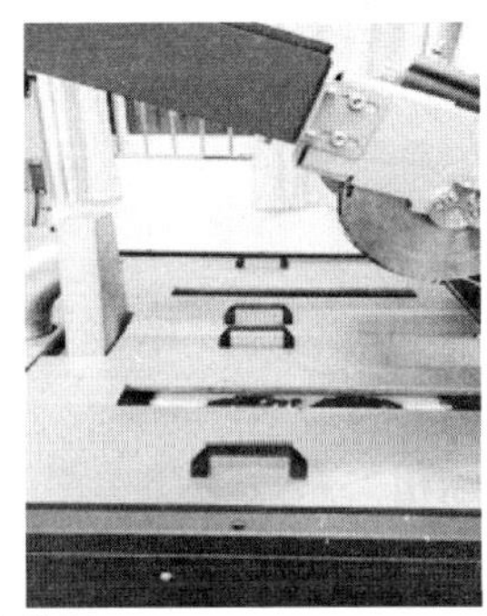

图 2-8 汉堡车辙试件及试模安装图

2.1.5.2 汉堡车辙试验结果

根据汉堡车辙试验可直接得到试件压痕(车辙深度)与试验轮碾压次数的关系曲线图、最终的碾压次数以及车辙深度，得到试验结果如表 2-12 所示。

三种 ATB-25 型沥青混合料汉堡车辙试验结果　　表 2-12

混合料类型	SMA-13(SBS)	AC-20C(SBS+纤维)	AC-20C(SBS)	AC-20(1)(70 号)	AC-20(2)(70 号)	AC-25C(50 号)	AC-25C(70 号)	ATB-25(30 号)	ATB-25(50 号)	ATB-25(1)(70 号)	ATB-25(2)(70 号)
汉堡车辙深度 RD(mm)	1.65	2.77	3.32	3.68	3.89	4.21	6.7	6.34	7.25	8.06	10

2.2　标准试验条件下各指标之间相关性

在标准条件下，前文对所选用的 11 种混合料开展了单轴贯入试验、车辙(国内车辙、汉堡车辙)试验、静态蠕变及动态蠕变试验，提取了各试验中的抗车辙性能指标。本节对各指标之间的相关性进行分析，探索能否找出一种与其他指标相关性都很好的试验评价指标。对单轴贯入试验提取了抗剪强度 τ、黏聚力 c、内摩擦角 φ 三个指标，对国内车辙提取了动稳定度(DS)指标，对汉堡车辙提取了车辙深度(RD)指标。对静态蠕变提取了斜率 m、流变时间 FT、流变点应变与流变时间的比值 s/FT 三种指标，根据前文所列静态蠕变试验各试验条件下试验结果，在标准试验条件下各指标分别记为 m_{11}、FT_{11}、s_{11}/FT_{11}。对动态蠕变提取了斜率 m、流变次数 FN、流变点应变与流变次数的比值 s/FN 三种指标，根据前文所列动态蠕变试验各试验条件下试验结果，在标准试验条件下各指标分别记为 m_{21}、FN_{11}、s_{21}/FN_{11}。

经分析发现，在标准试验条件下，蠕变斜率 m、流变时间 FT 与单轴贯入及国内车辙试验指标相关性差，流变次数 FN、流变点应变与流变次数的比值 s/FN 分别与个别指标组合相关系数达到了 0.7 以上，但是从整体指标组合来看，相关系数都不高。

本节着重对标准试验条件下，相关系数高的指标 s/FT 与其他指标之间的相关关系进行分析。表 2-13 为 m_{11}、m_{21}、FN_{11}、s_{21}/FN_{11} 与单轴贯入及国内车辙试验指标相关系数。

m_{11}、m_{21}、FN_{11}、s_{21}/FN_{11} 与单轴贯入及车辙试验指标相关关系　　表 2-13

指标组合	(τ,m_{11})	(c,m_{11})	(φ,m_{11})	(DS,m_{11})	(RD,m_{11})
相关系数	0.0128	0.0871	0.0201	0.0057	0.0748
指标组合	(τ,FT_{11})	(c,FT_{11})	(φ,FT_{11})	(DS,FT_{11})	(RD,FT_{11})
相关系数	0.2902	0.3622	0.2469	0.2310	0.4968

续上表

指标组合	(τ, m_{21})	(c, m_{21})	(φ, m_{21})	(DS, m_{21})	(RD, m_{21})
相关系数	0.6745	0.6225	0.6273	0.5417	0.6794
指标组合	(τ, FN_{11})	(c, FN_{11})	(φ, FN_{11})	(DS, FN_{11})	(RD, FN_{11})
相关系数	0.6610	0.7206	0.5774	0.5506	0.8035
指标组合	(τ, s_{21}/FN_{11})	(c, s_{21}/FN_{11})	(φ, s_{21}/FN_{11})	(DS, s_{21}/FN_{11})	(RD, s_{21}/FN_{11})
相关系数	0.6059	0.5119	0.8290	0.5153	0.6954

2.2.1 单轴贯入试验与车辙试验指标相关性

由图 2-9～图 2-14 可看出,在标准试验条件下,沥青混合料单轴贯入试验指标与动稳定度之间的相关系数由大到小排序为:抗剪强度 τ>黏聚力 c>内摩擦角 φ;单轴贯入试验指标与汉堡车辙深度之间的相关系数由大到小排序为:黏聚力 c>抗剪强度 τ>内摩擦角 φ,且相关系数均在 0.7 以上,尤其是抗剪强度 τ 与车辙试验指标 DS 及 RD 相关系数均在 0.9 以上。这说明,综合考虑多种类型混合料试验结果,采用单轴贯入与车辙(国内车辙、汉堡车辙)试验方法评价混合料抗车辙性能时,指标变化规律较为一致。

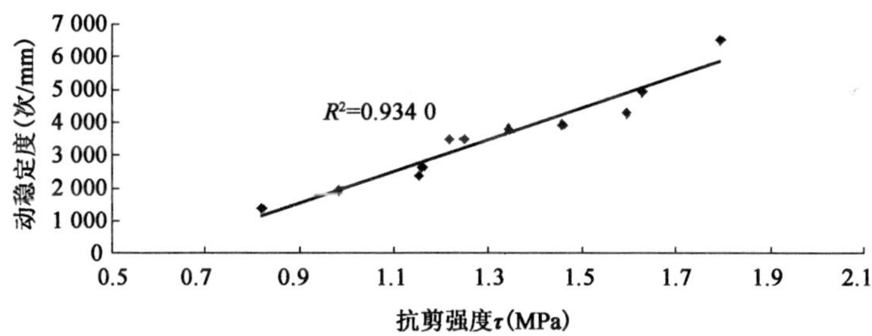

图 2-9 抗剪强度 τ 与动稳定度之间的关系

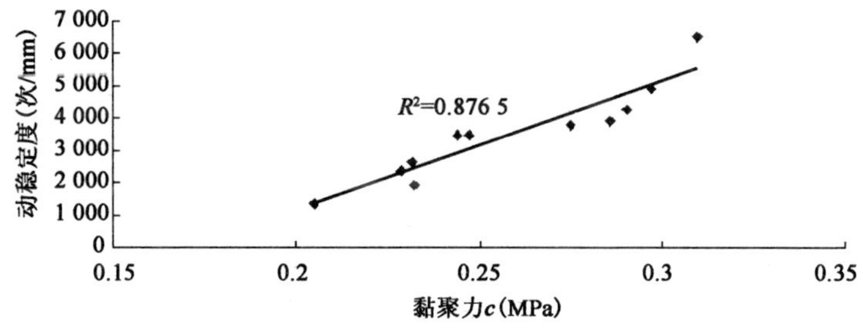

图 2-10 黏聚力 c 与动稳定度之间的关系

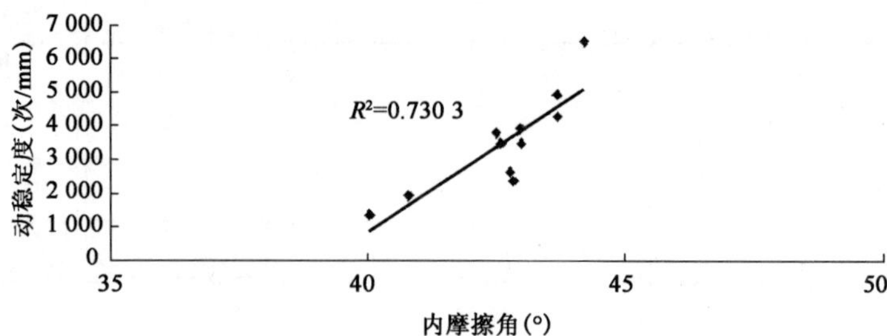

图 2-11　内摩擦角 φ 与动稳定度之间的关系

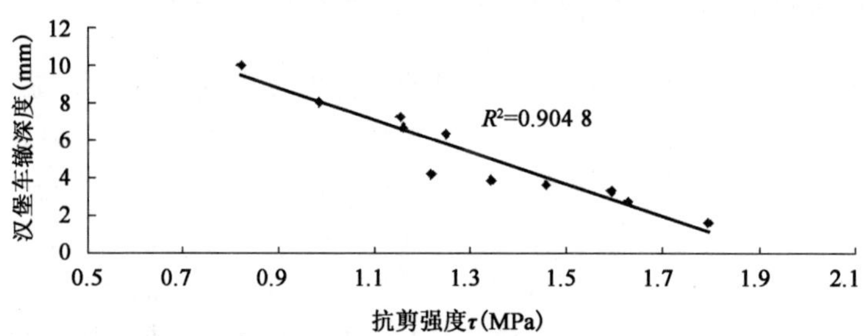

图 2-12　抗剪强度 τ 与汉堡车辙深度之间的关系

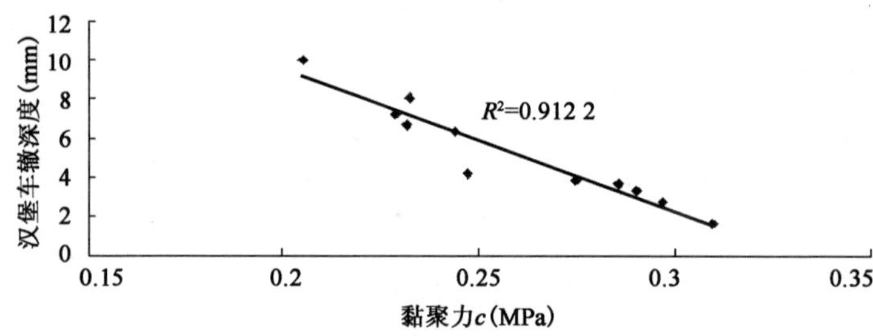

图 2-13　黏聚力 c 与汉堡车辙深度之间的关系

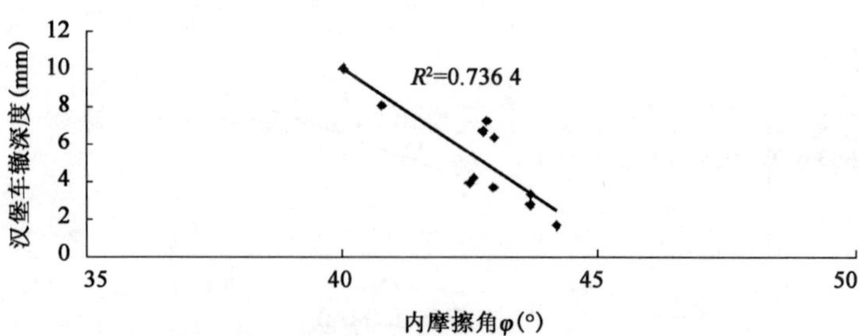

图 2-14　内摩擦角 φ 与汉堡车辙深度之间的关系

2.2.2 静态蠕变试验与车辙试验指标相关性

图2-15、图2-16为流变点应变与流变时间的比值s_{11}/FT_{11}和动稳定度DS、汉堡车辙深度RD之间的相关关系图。从以上两图可以看出，指标s_{11}/FT_{11}与动稳定度DS及汉堡车辙深度RD相关系数均较高，尤其是与后者的相关系数达到了0.928 1。这说明在标准试验条件下，指标s/FT与汉堡车辙深度评价混合料抗车辙性能的结果更为一致。

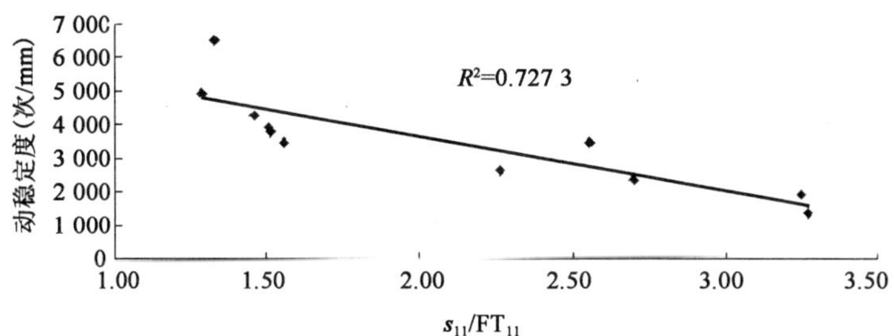

图2-15 s11/FT11与动稳定度之间的关系

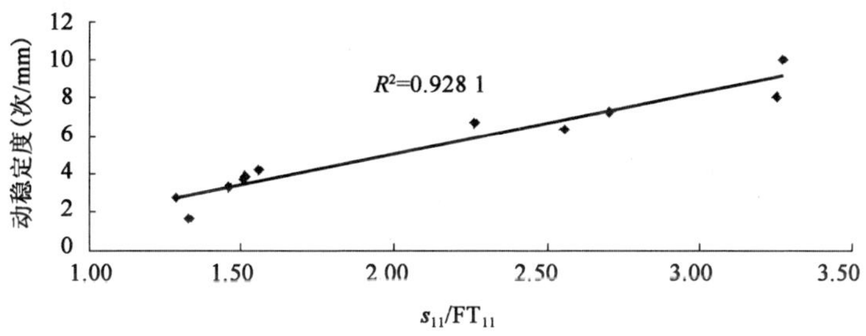

图2-16 s_{11}/FT_{11}与汉堡车辙深度之间的关系

2.2.3 静态蠕变试验与单轴贯入试验指标相关性

图2-17～图2-19分别为抗剪强度τ、黏聚力c、内摩擦角φ与流变点应变与流变时间的比值s_{11}/FT_{11}之间的相关关系图。从这二图可以看出，在标准试验条件下，指标s/FT与单轴贯入试验所得试验指标抗剪强度τ、黏聚力c之间相关系数均较高，评价结果也会比较一致。

2.2.4 静态蠕变试验与动态蠕变试验指标相关性

图2-20～图2-22分别为静态蠕变s_{11}/FT_{11}与动态蠕变指标m_{21}、FN_{11}、s_{21}/FN_{11}指标之间的相关关系。由这三图可知，三种指标组合(s_{11}/FT_{11}、m_{21})、

(s_{11}/FT_{11}、FN_{11})、(s_{11}/FT_{11}、s_{21}/FN_{11})相关系数分别为 0.731 4、0.870 8、0.670 2。这说明，在标准试验条件下，静态蠕变试验指标 s/FT 与动态蠕变试验指标 m、FN 之间相关性较好，各指标评价混合料抗车辙性能的结果较为一致。

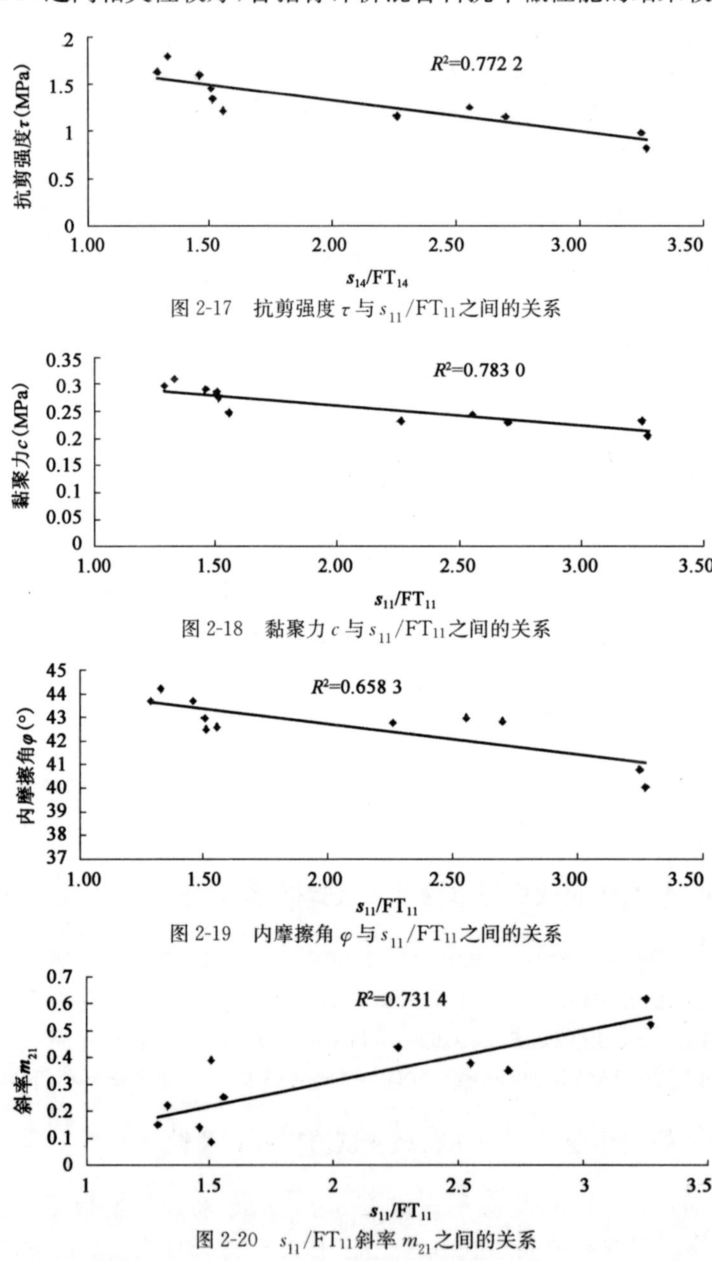

图 2-17 抗剪强度 τ 与 s_{11}/FT_{11}之间的关系

图 2-18 黏聚力 c 与 s_{11}/FT_{11}之间的关系

图 2-19 内摩擦角 φ 与 s_{11}/FT_{11}之间的关系

图 2-20 s_{11}/FT_{11}斜率 m_{21}之间的关系

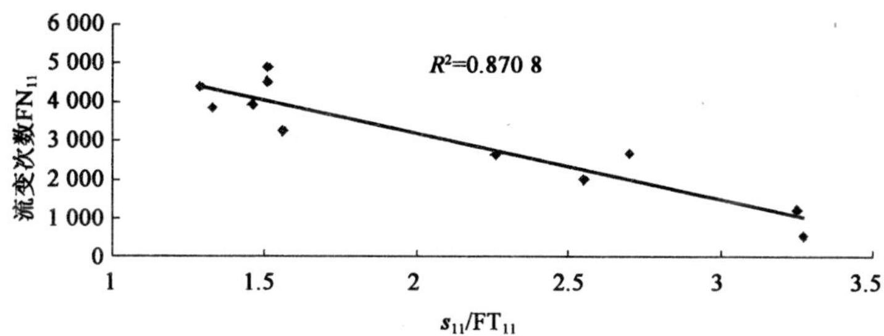

图 2-21 s_{11}/FT_{11}斜率 FN_{11}之间的关系

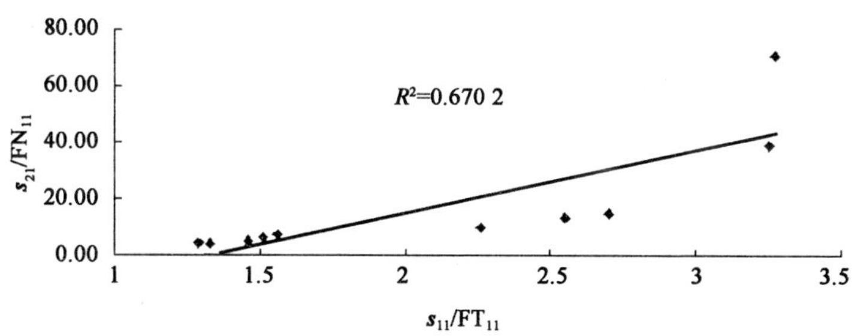

图 2-22 s_{11}/FT_{11}斜率 s_{21}/FN_{11}之间的关系

2.3 改变试验条件后各指标之间相关性

前一节对标准条件下单轴贯入试验、车辙(国内车辙、汉堡车辙)试验、静态蠕变试验及动态蠕变试验所提取的抗车辙性能指标之间的相关性进行了分析,发现蠕变试验的 s/FT 指标与其他试验的指标用于评价混合料抗车辙性能的结果会比较一致。本节将进一步改变静态蠕变及动态蠕变的试验条件,探索能否提高各指标之间的相关性,同时探究改变试验条件后是否可得到除上述指标之外的相关性更好的指标。

本节对静态蠕变变换了 5 种试验条件:

对于 50℃、0.1MPa、100mm×100mm 尺寸试件,记该试验条件下所得试验指标为 m_{12}、FT_{12}、s_{12}/FT_{12};

对于 60℃、0.1MPa、100mm×100mm 尺寸试件,记该试验条件下所得试验指标为 m_{13}、FT_{13}、s_{13}/FT_{13};

对于 40℃、0.1MPa、100mm×148mm 尺寸试件,记该试验条件下所得试验

指标为 m_{14}、FT_{14}、s_{14}/FT_{14}；

对于 50℃、0.1MPa、100mm×148mm 尺寸试件，记该试验条件下所得试验指标为 m_{15}、FT_{15}、s_{15}/FT_{15}；

对于 60℃、0.1MPa、100mm×148mm 尺寸试件，记该试验条件下所得试验指标为 m_{16}、FT_{16}、s_{16}/FT_{16}。

本节对动态蠕变变换了一种试验条件：60℃、0.7MPa、100mm×148mm 尺寸试件，记该试验条件下所得试验指标为 m_{22}、FN_{12}、s_{22}/FN_{12}。

2.3.1 静态蠕变试验与车辙及单轴贯入试验指标相关性研究

将前文得到的相关试验结果汇总，见表 2-14。

分析表 2-14 数据可知：

(1)对应五种变化后的试验条件，静态蠕变斜率 m 与抗剪强度 τ、黏聚力 c、内摩擦角 φ、动稳定度 DS 及汉堡车辙深度 RD 相关系数均很低，相关性差。

(2)在各试验条件下，相比于静态蠕变斜率 m，指标 FT、s/FT 与以上五种指标(τ、c、φ、DS 及 RD)之间相关性总体上都要好。

(3)分别分析 5 种不同试验条件下 FT、s/FT 不同指标组合之间的相关关系，发现：当试验条件为 60℃、0.1MPa，试件尺寸为 100mm×100mm 时，指标组合(τ，s_{13}/FT_{13})、(c，s_{13}/FT_{13})、(φ，s_{13}/FT_{13})、(DS，s_{13}/FT_{13})、(RD，s_{13}/FT_{13})的相关系数分别为 0.835 0、0.788 1、0.810 9、0.784 7、0.895 5；当试验条件为 40℃、0.1MPa、试件尺寸为 100mm×148mm 时，指标组合(τ，s_{14}/FT_{14})、(c，s_{14}/FT_{14})、(φ，s_{14}/FT_{14})、(DS，s_{14}/FT_{14})、(RD，s_{14}/FT_{14})的相关系数分别为 0.915 1、0.890 3、0.770 9、0.862 0、0.961 5。由此可见，在这两种试验条件下，指标 s/FT 与动稳定度 DS、汉堡车辙深度 RD 及单轴贯入试验各指标 τ、c、φ 相关性都很好。

(4)改变试验条件后，指标 s/FT 与各指标组合比上一节所得标准试验条件下相应指标组合[(τ，s/FT)、(c，s/FT)、(φ，s/FT)、(DS，s/FT)]之间的相关系数有整体上的提升。

为了研究指标 s/FT 在试验条件为 60℃、0.1MPa，试件尺寸为 100mm×100mm 或在试验条件为 40℃、0.1MPa，试件尺寸为 100mm×148mm 时，能否反映其他试验方法和指标评价混合料抗车辙性能的结果，这里进一步分析 s_{13}/FT_{13}、s_{14}/FT_{14} 与指标 s_{11}/FT_{11} 之间的相关关系。图 2-23、图 2-24 分别为 s_{13}/FT_{13} 与 s_{11}/FT_{11}、s_{14}/FT_{14} 与 s_{11}/FT_{11} 相互之间的相关关系图。

静态蠕变试验指标与车辙及单轴贯入试验指标相关关系 表 2-14

指标组合	相关系数	指标组合	相关系数	指标组合	相关系数
(τ, m_{12})	0.000 1	(τ, FT_{12})	0.126 0	$(\tau, s_{12}/FT_{12})$	0.632 8
(τ, m_{13})	0.085 8	(τ, FT_{13})	0.708 8	$(\tau, s_{13}/FT_{13})$	0.835 0
(τ, m_{14})	0.338 3	(τ, FT_{14})	0.862 3	$(\tau, s_{14}/FT_{14})$	0.939 2
(τ, m_{15})	0.347 7	(τ, FT_{15})	0.574 5	$(\tau, s_{15}/FT_{15})$	0.565 5
(τ, m_{16})	0.007 2	(τ, FT_{16})	0.533 5	$(\tau, s_{16}/FT_{16})$	0.569 2
(c, m_{12})	0.022 0	(c, FT_{12})	0.131 3	$(c, s_{12}/FT_{12})$	0.642 1
(c, m_{13})	0.073 3	(c, FT_{13})	0.623 8	$(c, s_{13}/FT_{13})$	0.788 1
(c, m_{14})	0.289 5	(c, FT_{14})	0.764 8	$(c, s_{14}/FT_{14})$	0.927 1
(c, m_{15})	0.415 7	(c, FT_{12})	0.557 6	$(c, s_{12}/FT_{12})$	0.498 8
(c, m_{13})	0.000 1	(c, FT_{13})	0.533 6	$(c, s_{13}/FT_{13})$	0.531 3
(φ, m_{12})	0.034 9	(φ, FT_{12})	0.168 3	$(\varphi, s_{12}/FT_{12})$	0.672 0
(φ, m_{13})	0.123 9	(φ, FT_{13})	0.570 0	$(\varphi, s_{13}/FT_{13})$	0.810 9
(φ, m_{14})	0.394 1	(φ, FT_{14})	0.742 6	$(\varphi, s_{14}/FT_{14})$	0.767 1
(φ, m_{15})	0.274 6	(φ, FT_{15})	0.572 8	$(\varphi, s_{15}/FT_{15})$	0.751 0
(φ, m_{16})	0.039 7	(φ, FT_{16})	0.368 5	$(\varphi, s_{16}/FT_{16})$	0.683 9
(DS, m_{12})	0.000 5	(DS, FT_{12})	0.065 2	$(DS, s_{12}/FT_{12})$	0.520 3
(DS, m_{13})	0.012 4	(DS, FT_{13})	0.733 5	$(DS, s_{13}/FT_{13})$	0.784 7
(DS, m_{14})	0.783 7	(DS, FT_{14})	0.669 9	$(DS, s_{14}/FT_{14})$	0.879 3
(DS, m_{15})	0.350 8	(DS, FT_{15})	0.520 7	$(DS, s_{15}/FT_{15})$	0.477 3
(DS, m_{16})	0.017 2	(DS, FT_{16})	0.565 9	$(DS, s_{16}/FT_{16})$	4 817
(RD, m_{12})	0.024 1	(RD, FT_{12})	0.248 4	$(RD, s_{12}/FT_{12})$	0.789 5
(RD, m_{13})	0.036 8	(RD, FT_{13})	0.569 0	$(RD, s_{13}/FT_{13})$	0.899 5
(RD, m_{14})	0.328 0	(RD, FT_{14})	0.803 8	$(RD, s_{14}/FT_{14})$	0.961 5
(RD, m_{15})	0.430 2	(RD, FT_{15})	0.666 6	$(RD, s_{15}/FT_{15})$	0.640 9
(RD, m_{16})	0.014 4	(RD, FT_{16})	0.639 9	$(RD, s_{16}/FT_{16})$	0.656 9

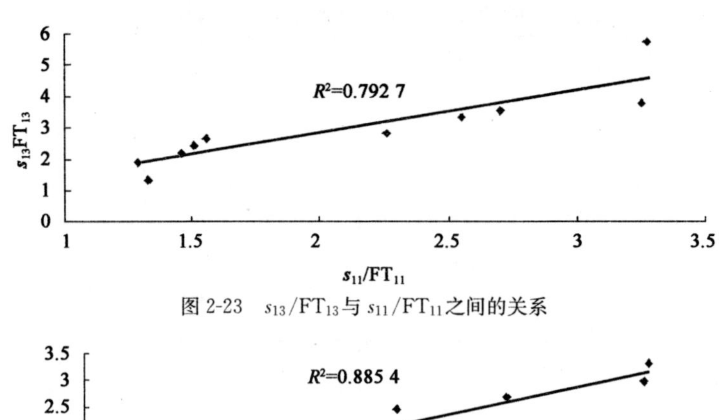

图 2-23　s_{13}/FT_{13}与 s_{11}/FT_{11}之间的关系

图 2-24　s_{14}/FT_{14}与 s_{11}/FT_{11}之间的关系

由图 2-23 和图 2-24 可知，指标 s_{13}/FT_{13} 与 s_{11}/FT_{11}、s_{14}/FT_{14} 与 s_{11}/FT_{11} 相关系数分别为 0.792 7、0.885 4，相关性很好。因此，当静态蠕变试验条件为 60℃、0.1MPa，试件尺寸为 100mm×100mm 时的指标 s/FT，以及试验条件为 40℃、0.1MPa，试件尺寸为 100mm×148mm 时的指标 s/FT 均与其他指标相关性良好，在很大程度上能够反映其他试验方法的评价结果。

2.3.2　动态蠕变试验与车辙及单轴贯入试验指标相关性研究

表 2-15 列出了改变动态蠕变试验条件后，动态蠕变试验抗车辙性能指标与动稳定度 DS、汉堡车辙深度 RD 及单轴贯入试验参数抗剪强度 τ、黏聚力 c、内摩擦角 φ 相关系数。

动态蠕变试验指标与车辙及单轴贯入试验指标相关关系　　表 2-15

指标组合	相关系数	指标组合	相关系数	指标组合	相关系数
(τ,m_{22})	0.091 3	(τ,FN_{12})	0.906 9	(τ,s_{22}/FN_{12})	0.815 1
(c,m_{22})	0.029 0	(c,FN_{12})	0.920 5	(c,s_{22}/FN_{12})	0.809 9
(φ,m_{22})	0.062 2	(φ,FN_{12})	0.399 2	(φ,s_{22}/FN_{12})	0.788 4
(DS,m_{22})	0.169 0	(DS,FN_{12})	0.851 0	(DS,s_{22}/FN_{12})	0.737 6
(RD,m_{22})	0.015 2	(RD,FN_{12})	0.796 8	(RD,s_{22}/FN_{12})	0.906 6

由表 2-15 可知，与标准试验条件下相应指标组合相比，当改变试验条件为 60℃、0.7MPa，试件尺寸为 100mm×148mm 时，动态蠕变各试验指标组合（τ，FN_{12}）、（c，FN_{12}）、（DS，FN_{12}）、（τ，s_{22}/FN_{12}）、（c，s_{22}/FN_{12}）、（DS，s_{22}/FN_{12}）、（RD，s_{22}/FN_{12}）之间的相关系数均有提高。虽然指标组合（φ，FN_{12}）、（RD，FN_{12}）、（φ，s_{22}/FN_{12}）的相关系数较标准试验条件下相应指标组合之间相关系数有所下降，但是下降幅度很小。其中，指标组合（φ，s_{22}/FN_{12}），（RD，FN_{12}）在变试验条件后，相关系数有所下降，但相关系数仍然在 0.7 以上，相关性较好。

由于单轴贯入试验参数 φ 不能作为一个独立的指标用来评价混合料的抗车辙性能，以下分析 c、φ、τ、DS 及汉堡车辙深度指标值的大小对 11 种混合料进行排序，以此为标准在 c、φ 中选取一种相对可靠的指标用于分析其与 FN 之间的相关关系。

由表 2-16 可知，11 种混合料按 c 值、τ 值与按动稳定度 DS 及汉堡车辙深度 RD 排序基本一致，而按 φ 值与按 τ 值、动稳定度 DS 及汉堡车辙深度 RD 排序差异很大。因此，当动态蠕变试验条件为 60℃、0.7MPa，试件尺寸为 100mm×148mm 时，指标 FN 与单轴贯入试验指标相关性以指标 c 及抗剪强度 τ 为准。但在该试验条件下，指标 FN、s/FN 是否能够反映其他试验方法和指标评价混合料抗车辙性的结果仍有待研究。

11 种混合料以 c、φ，τ 及 DS 指标值的大小排序 表 2-16

以 c 值大小排序	以 φ 值大小排序	以 τ 值大小排序	以 DS 值大小排序	以 RD 值大小排序
SMA-13(SBS)	SMA-13(SBS)	SMA-13(SBS)	SMA-13(SBS)	SMA-13(SBS)
AC-20C(SBS+纤维)	AC-20C(SBS)	AC-20C(SBS+纤维)	AC-20C(SBS+纤维)	AC-20C(SBS+纤维)
AC-20C(SBS)	AC-20C(SBS+纤维)	AC-20C(SBS)	AC-20C(SBS)	AC-20C(SBS)
AC-20(1)(70 号)	ATB-25(30 号)	AC-20(1)(70 号)	AC-20(1)(70 号)	AC-20(1)(70 号)
AC-20(2)(70 号)	AC-20(1)(70 号)	AC-20(2)(70 号)	AC-20(2)(70 号)	AC-20(2)(70 号)
AC-25C(50 号)	ATB-25(50 号)	ATB-25(30 号)	AC-25C(50 号)	AC-25C(50 号)
ATB-25(30 号)	AC-25C(70 号)	AC-25C(50 号)	ATB-25(30 号)	ATB-25(30 号)
ATB-25(1)(70 号)	AC-25C(50 号)	AC-25C(70 号)	AC-25C(70 号)	AC-25C(70 号)
AC-25C(70 号)	AC-20(2)(70 号)	ATB-25(50 号)	ATB-25(50 号)	ATB-25(50 号)

续上表

以 c 值大小排序	以 φ 值大小排序	以 τ 值大小排序	以 DS 值大小排序	以 RD 值大小排序
ATB-25(50 号)	ATB-25(1)(70 号)	ATB-25(1)(70 号)	ATB-25(1)(70 号)	ATB-25(1)(70 号)
ATB-25(2)(70 号)	ATB-25(2)(70 号)	ATB-25(2)(70 号)	ATB-25(2)(70 号)	ATB-25(2)(70 号)

2.3.3 静态蠕变与动态蠕变试验指标相关性研究

基于前两节的分析，在改变试验条件前后，静态蠕变试验指标 s/FT 在特定试验条件下，评价结果能够一定程度上反映其他试验方法的抗车辙性能评价结果。

以下分别分析改变试验条件后，动态蠕变试验指标 FN、s/FN 与三种不同试验条件(40℃、0.1MPa、100mm×100mm 试件尺寸，60℃、0.1MPa、100mm×100mm 试件尺寸，40℃、0.1MPa、100mm×148mm 试件尺寸)下 s/FT 指标之间的相关关系，以进一步分析变试验条件后，动态蠕变试验指标 FN、s/FN 是否能够反映其他试验方法评价混合料抗车辙性能的结果。图 2-25～图 2-27 分别为动态蠕变试验指标 FN_{12}与指标 s_{11}/FT_{11}、s_{13}/FT_{13}、s_{14}/FT_{14}之间的相关关系图。

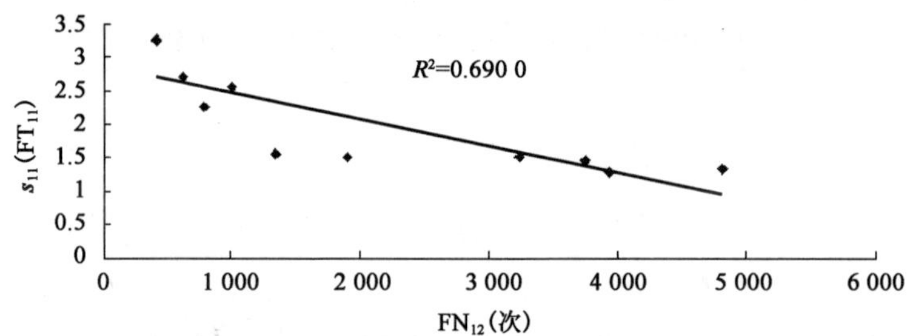

图 2-25 FN_{12}与 s_{11}/FT_{11}之间的关系

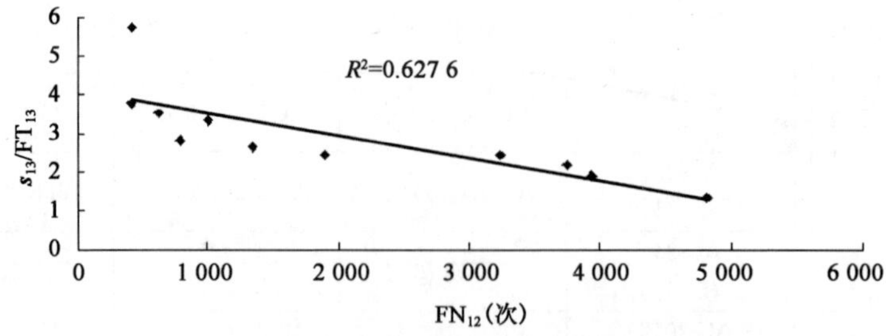

图 2-26 FN_{12}与 s_{13}/FT_{13}之间的关系

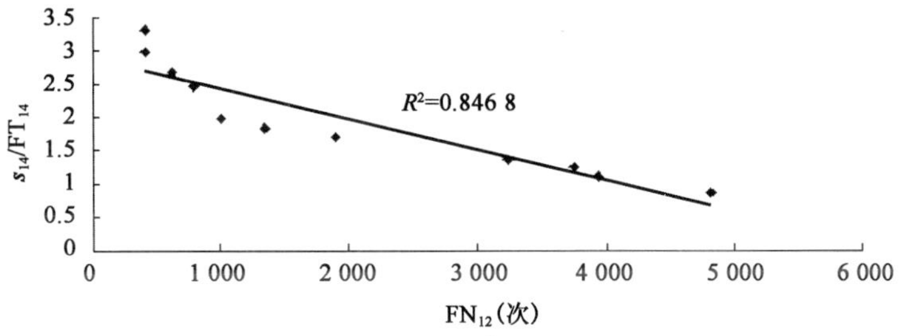

图 2-27 FN_{12}与 s_{14}/FT_{14}之间的关系

由图 2-25～图 2-27 可知，FN_{12}与 s_{14}/FT_{14} 相关系数达到了 0.8468，但是与其他两种指标组合相关系数均在 0.7 以下。因此，在变试验条件后，FN 不能反映其他试验方评价混合料抗车辙性能的结果。

图 2-28～图 2-30 分别为动态蠕变试验指标 s_{22}/FN_{12} 与指标 s_{11}/FT_{11}、s_{13}/FT_{13}、s_{14}/FT_{14} 之间的相关关系图。由图可知，s_{22}/FN_{12} 与 s_{11}/FT_{11}、s_{13}/FT_{13}、s_{14}/FT_{14}两两组合，相关系数均在 0.8 以上。因此，在改变动态蠕变试验条件后，s/FN 可以反映其他试验方法评价混合料抗车辙性能的结果。

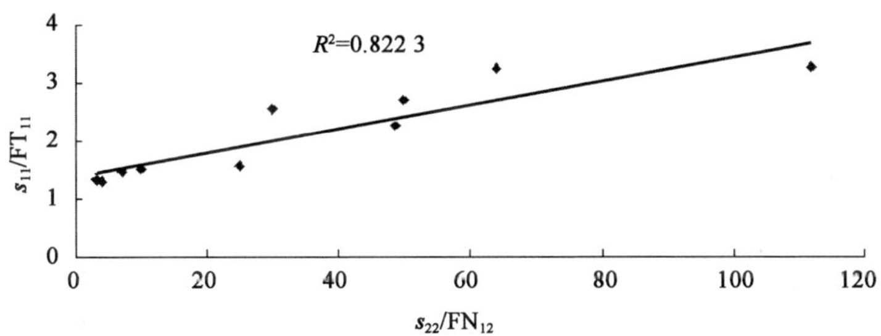

图 2-28 s_{22}/FN_{12}与 s_{11}/FT_{11}之间的关系

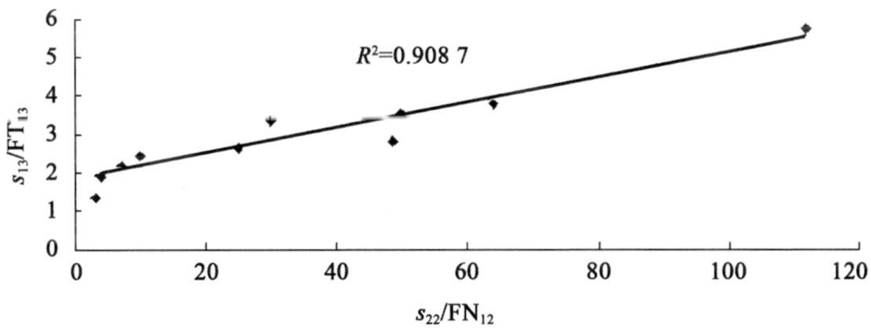

图 2-29 s_{22}/FN_{12}与 s_{13}/FT_{13}之间的关系

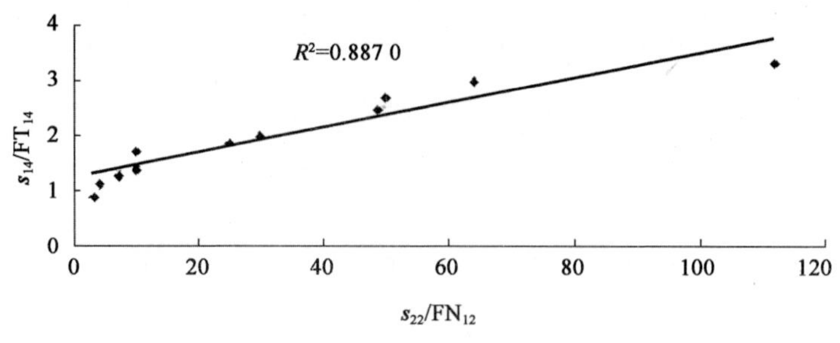

图 2-30 s_{22}/FN_{12}与s_{14}/FT_{14}之间的关系

2.4 沥青混合料各种抗车辙性能评价指标的统一性

(1)在标准试验条件下,对 11 种混合料抗车辙性能指标相关性进行了研究,提取了混合料单轴贯入、静态蠕变、动态蠕变及车辙(国内车辙、汉堡车辙)试验中的抗车辙性能指标。分析试验结果发现,静态蠕变流变时间 FT 及动态蠕变流变次数 FN 与其他指标相关性一般,而蠕变斜率 m 与其他指标之间相关性差,综合考虑多种混合料类型时,不能代替其他试验方法和指标用于评价混合料的抗车辙性能。在(40℃、0.1MPa、100mm×100mm 试件尺寸)条件下静态蠕变流变点应变与流变时间的比值 s/FT 与其他指标之间相关性较好。

(2)对静态蠕变试验,变化了 5 种试验条件,提取试验条件变化后所得抗车辙性能指标,分析了静态蠕变试验指标与动稳定度 DS、汉堡车辙深度 RD 及单轴贯入试验各指标 τ、c、φ 之间的相关关系。分析发现,随着试验条件的改变,指标 s/FT 与其他指标之间相关系数始终大于斜率 m 及流变时间 FT 与其他指标之间的相关系数。由此可见,指标 s/FT 相比于指标 m、FT 而言,更适合作为评价混合料抗车辙性能的替代性指标。

(3)与标准试验条件(40℃、0.1MPa、100mm×100mm 试件尺寸)相比,将试验条件改变为 60℃、0.1MPa、100mm×100mm 试件尺寸以及 40℃、0.1MPa、100mm×148mm 试件尺寸后,得到的指标 s/FT 与其他试验指标之间相关系数均有不同程度地提升,更适合作为其他试验方法的替代性指标用于评价混合料的抗车辙性能。

(4)比较了不同试件尺寸下,动态蠕变试验抗车辙性能指标与动稳定度 DS、汉堡车辙深度 RD 及单轴贯入试验各指标 τ、c、φ 之间的相关关系。分析发现,改变试件尺寸后,斜率 m 与动稳定度 DS、汉堡车辙深度 RD 及单轴贯入试验各指标(τ、c、φ)之间的相关系数大幅下降。从整体指标组合上看，流变次数 FN 与其他指标组合的相关性并未得到全面提升，而流变点应变与流变次数的比值 s/FN与其他试验指标组合的相关性均达到了较高水平。因此，也可尝试用动态蠕变试验指标 s/FN 代替其他试验方法所得指标用于评价混合料的抗车辙性能。

第3章　车辙试验新方法

鉴于我国目前常用的车辙试验评价方法解释不了一些工程上的车辙现象，如长大纵坡沥青路面屡屡出现的严重车辙，不同路面结构的抗车辙性能无法直观比较等，本章将针对这些问题，介绍如何改进目前的车辙试验方法。

3.1　材料车辙试验评价方法的局限性

从第1章的调查结果可以看出，按照规范要求设计出的沥青混合料用于实际公路路面特别是长大上坡路段路面后，车辙病害频繁出现，甚至是沥青面层三层全部采用改性沥青混合料后仍然不能杜绝车辙病害，这就需要重新审视目前的路面抗车辙性能评价与控制方法。

前文所述的试验评价方法大都以沥青混合料为试验对象，仅有轮辙试验和足尺试验可以评价多层组合试件或结构的抗车辙性能。足尺试验虽然能够直接评价工程实际路面结构的抗车辙性能，但试验费用昂贵，目前仅限于科研用途。现有的各种轮辙试验方法，从其容许的试件厚度来看，也最多只能用于评价两层式沥青面层的整体抗车辙性能，对于厚达15～30cm的高速公路沥青层而言仍是无能为力的。本书主要探索对我国规范推荐的车辙试验方法的改进和完善途径。

下面以图3-1为例来说明我国目前的车辙试验方法存在的问题。

概括起来，目前的车辙试验方法在以下几个方面还有不断完善的空间。

3.1.1　关于单层沥青混合料的车辙试验条件

3.1.1.1　试验轮往复速度应可调

我国规范设定了沥青混合料车辙试验条件，如图3-1所示。但是如第1章车辙调查分析可见，对于长大纵坡路段而言，这种试验条件完全不能模拟实际道路的行车条件，即重载低速，而且越重的车上坡速度越低。低速意味着轮胎作用

于路面同一位置的时间越长，而沥青混合料是一种黏弹塑性材料，荷载作用时间对其力学响应的影响不容忽视。

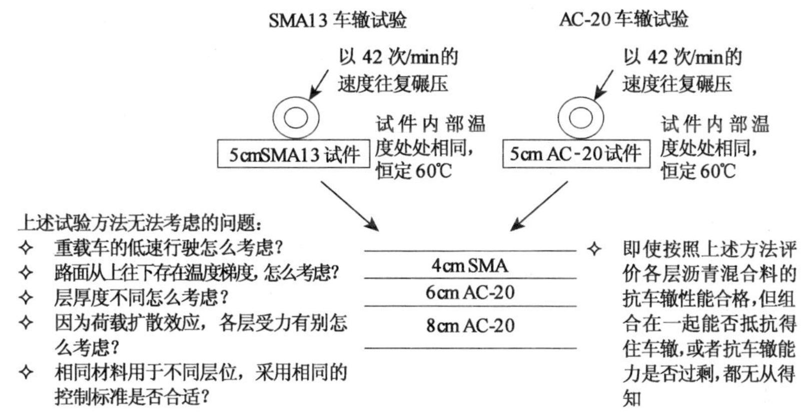

图 3-1 我国车辙试验方法剖析

我国规范推荐的车辙试验机的橡胶轮往复频率是不可调的，也就是说其试验速度是固定的。这是不利于模拟长大纵坡路段实际车速条件的，应该想办法加以改进。

3.1.1.2 最不利试验条件的组合还需不断完善

我国规范推荐的车辙试验机的温度和荷载以及单层沥青混合料试件厚度是可调的，规范也明确了可以根据实际工程条件对图 3-1 所示的试验温度、荷载和试件厚度进行适当调整，国内外也有不少学者研究过变温变载变厚度条件下沥青混合料的抗车辙性能，但是如果再加入速度可变的情况，最不利试验条件的组合更加复杂，还需要根据实际工程情况进行考虑。

3.1.2 关于材料抗车辙性能能否代表路面结构整体抗车辙性能

第一章的车辙病害与分析已经表明，按照目前的材料组成设计方法设计出的各种沥青混合料（满足各项力学性能要求，包括抗车辙性能），组合成沥青面层后用于实际的路面工程，并不能保证不产生车辙病害。这其中除了如前所述的沥青混合料车辙试验条件未能很好地模拟路面实际状况的因素外，材料抗车辙性能能否代表路面结构抗车辙性能也是一个值得深思的问题。实际上，如果能直接针对沥青面层结构开展试验以评价其整体抗车辙性能，将不失为一个解决方案。但是，目前虽然国内外虽然开展过全厚式车辙试验，却还没有形成得到公认的试验方法。

3.1.3 关于动稳定度控制标准

3.1.3.1 沥青混合料动稳定度控制标准

我国规范对沥青混合料设置的动稳定度控制标准如表 3-1 所示。

我国规范设置的动稳定度控制标准 表 3-1

<table>
<tr><td colspan="2">气候条件与技术指标</td><td colspan="9">相应于下列气候分区所要求的动稳定度(次/mm)</td><td rowspan="3">试验方法</td></tr>
<tr><td colspan="2" rowspan="3">7 月平均最高气温(℃)及气候分区</td><td colspan="4">＞30</td><td colspan="4">20～30</td><td>＜20</td></tr>
<tr><td colspan="4">1. 夏炎热区</td><td colspan="4">2. 夏热区</td><td>3. 夏凉区</td></tr>
<tr><td>1-1</td><td>1-2</td><td>1-3</td><td>1-4</td><td>2-1</td><td>2-2</td><td>2-3</td><td>2-4</td><td>3-2</td><td rowspan="6">T 0719</td></tr>
<tr><td colspan="2">普通沥青混合料，不小于</td><td colspan="2">800</td><td colspan="2">1 000</td><td>600</td><td colspan="3">800</td><td>600</td></tr>
<tr><td colspan="2">改性沥青混合料，不小于</td><td colspan="2">2 400</td><td colspan="2">2 800</td><td>2 000</td><td colspan="3">2 400</td><td>1 800</td></tr>
<tr><td rowspan="2">SMA 混合料</td><td>非改性，不小于</td><td colspan="9">1 500</td></tr>
<tr><td>改性，不小于</td><td colspan="9">3 000</td></tr>
<tr><td colspan="2">OGFC 混合料</td><td colspan="9">1 500(一般交通路段)、3 000(重交通量路段)</td></tr>
</table>

分析表 3-1 可以发现，我国对四大类沥青混合料在不同气候条件下的抗车辙性能提出了非常具体的要求，但是有下列几个问题需要考虑。

(1)同一种沥青混合料用于路面的不同层位，其所处的温度环境和应力条件是有很大区别的，如改性沥青混合料可以用于沥青路面的上中下面层，普通沥青混合料可以用于沥青路面的中下面层和上基层，采用相同的动稳定度标准可能导致抗车辙性能过剩或者不足。

(2)对于同一层位，采用不同的沥青混合料类型所需要满足的动稳定度标准是不同的，如表面层可以用 SMA、改性沥青混合料、OGFC，这种“先选材料再定标准”的方法很难说是一种科学的“设计方法”。

(3)除 OGFC 外，动稳定度控制标准与交通量没有关系，这必然会导致抗车辙性能过剩或者不足的问题。

3.1.3.2 沥青路面结构整体动抗车辙性能控制标准

如果要以“沥青路面结构整体抗车辙性能”指标来代替(或作为一种补充完善方法)目前的“沥青混合料抗车辙性能”指标，除了要开发沥青路面结构整体抗车辙性能试验方法外，还需要设置相应的整体抗车辙性能控制标准，关于这方面的研究目前还是一片空白。

3.1.4 关于考虑抗车辙性能的沥青路面结构组合设计

目前主流的沥青路面结构设计方法，基本上都是基于抗裂性能的，即使考虑了抗车辙性能，也只是作为一种检验或者预估，还没有一种基于抗车辙性能的方法用来指导沥青路面的结构组合设计。如果能够预先为沥青路面结构设定一个整体抗车辙性能控制标准，再将这个标准分解到沥青面层各层位(得到各层位的抗车辙性能控制标准)，最后根据层位抗车辙性能控制标准来选择合适的沥青混合料，将能够真正实现沥青路面结构和材料抗车辙性能的统一。

3.2 标准车辙试验机的改进

对照上节的分析，再结合我国常用的车辙试验机的构造，可以发现该款设备在这些方面需要改进：无法同时模拟工程现场变载变速变温变厚度的需求、无法评价沥青面层的整体抗车辙性能、无法模拟实际路面内部存在的温度梯度。为此，作者对标准车辙试验机进行了改进，并生产了样机，如图 3-2 所示。

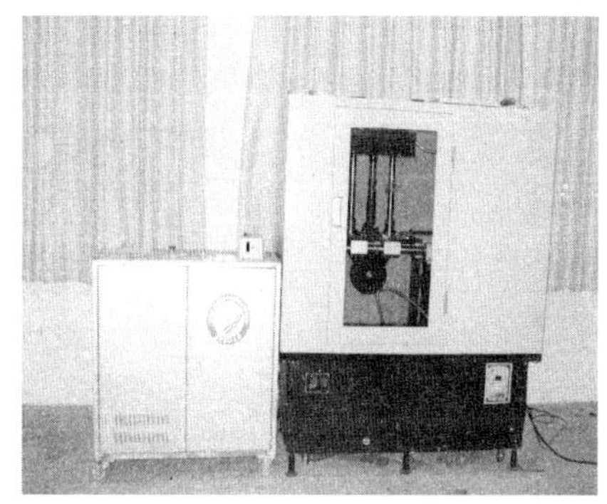

图 3-2 改进后的车辙试验机

与标准车辙试验机相比，经过改进后的车辙试验机新增加的功能包括如下几点。

3.2.1 增加了车辙试验机的变速功能

虽然理论上可以通过沥青混合料的时温等效原理将低速下的车辙试验转换成更高温度下的车辙试验，但沥青混合料的时温转换因子需要更精密的仪器来确定，而且误差也比较大；另外，如果试件是全厚式组合结构，或者试件内部温度不均匀，那么时温等效将很难实现。为此，这里直接改变了车辙试验轮的往复运动速度，这样更具实用性。

作者通过将标准车辙试验机的电动机换成变频电动机来进行速度控制，改进后车辙试验轮运行速度能在 10～60 次/min 之间任意调节。

增加了这个功能后，就能够根据实际工程的需要开展低速车辙试验，以模拟重载车慢速行驶，以及上坡路段汽车慢速行驶的实际状况，这样的车辙试验结果更有针对性，试验结果更有说服力。

3.2.2 增加了车辙试验机的净空

为了能够进行全厚式路面车辙试验，作者延长了试验轮的升降臂杆，使得试验轮与试验台之间的最大净空达到30cm，适合300mm×300mm×(50～300)mm的试件，这样基本能够完成国内大多数沥青面层的全厚式车辙试验，见图3-3。当然，与增加试验净空相对应的还有车辙试模的改进，可以根据实际沥青面层的组合厚度来设计三层式组合试模，如4cm＋6cm＋8cm或4cm＋7cm＋10cm试模等。利用这种组合试模，可以通过分层碾压来形成全厚式车辙试件。

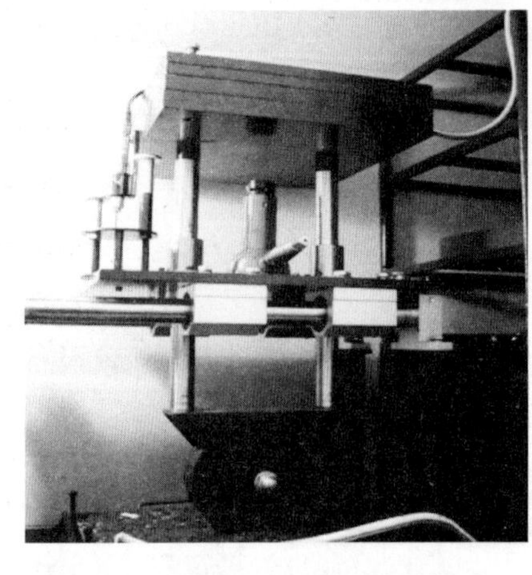

图3-3 改进后的车辙试验机的净空

增加了这个功能后，就可以开展单层沥青混合料以及双层式和三层式甚至是加上上基层沥青混合料后的四层式试件的车辙试验，能够直观地对比各种组合结构的整体抗车辙性能，更能体现结构组合设计的经济性。

3.2.3 增加了车辙试验机的可变荷载功能

通过增减荷载板调节加载重力，试验轮接地压强能在0.7～1.4MPa间调节。

增加了这个功能后，就可以根据道路实际的轴载状况开展重载车辙试验。

3.2.4 增加试件温度控制功能

所谓温度梯度，是指沥青路面内部的温度分布不均匀，而且沿深度方向从上往下温度不同。为模拟这种温度梯度，作者设法改进了车辙试验机的温度控制系统，以便于在车辙试件内部也形成类似的温度梯度。

作者采用常见的水循环来实现温度梯度，这里称之为水循环温度控制系统。车辙试件温度梯度控制系统开发的思路是：分别控制车辙试件底面温度和顶面温度，并使温度保持稳定，同时保证试件四周不与外界产生热交换，那么经过长时间的内部热传导，就能够在车辙试件内部形成温度梯度；通过改变试件底面温度和顶面温度，就能够得到不同的试验温度场。

具体做法是：采用恒温水循环对试模底部进行恒温控制，试件顶面不加任何

处理，通过控制车辙试验机环境箱的温度来使试件顶面恒温，试件四周与试模之间则加垫隔热材料，阻止试件与环境箱之间的热传导和热交换。温度梯度控制系统工作原理如图 3-4 所示。

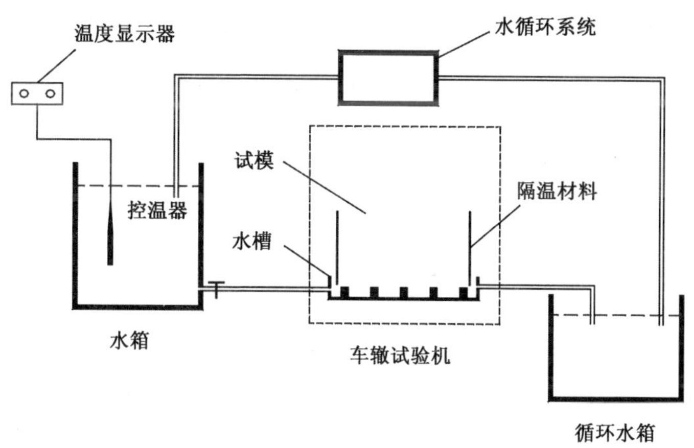

图 3-4 温度梯度控制系统示意图

增加了这个功能后，就能够模拟沥青路面实际的温度场（如路表 60℃、下面层底部 47℃），在车辙试件内部形成自上而下的温度梯度，使车辙试验结果更有实际意义。

标准车辙试验机经过上述改进后，就能够根据实体工程的温度状况、汽车轴载及道路线形条件（如纵坡、坡长等，此时车速慢）、路面结构（不同厚度沥青面层），有针对性地开展车辙试验，如重载低速有温度梯度的全厚式的车辙试验，根据这些车辙试验结果，就可以在保证路面抗车辙性能的同时节约工程投资，实现抗车辙结构优化。

3.3 车辙试验新方法

本节将以改进后的车辙试验机为基础，分别提出沥青混合料车辙试验新方法和沥青面层结构车辙试验方法，至于沥青面层结构抗车辙性能和沥青混合料抗车辙性能之间的统一性问题，将在本书最后一章进行探讨。

3.3.1 非标准加载速度下车辙试验时间修正

在试验轮不同轮碾速度下开展车辙试验时，相同时间内试验轮对试件的轮碾次数是不同的，轮碾次数与轮碾速度成正比。现行《公路沥青及沥青混合料试验规程》规定车辙试验时长 60min，并考察流动阶段产生 1mm 车辙变形需要的试验轮重复碾压次数，实际上是希望通过控制该试验时间内车辙变形速率来保证沥青路面在设计年限内产生的车辙深度不致过深。而对于一条封闭的道路而言，不会因为纵坡长或纵坡大或重载车多而通行次数变少。换言之，设计年限内爬坡路段路面上某点所受到的车轮碾压次数与正常路段是相同的。因此，当室内试验轮碾速度变化时，不应该把试验时间还定为 60min，需要进行相应的调整。

车辙试验考查的是沥青混合料的变形发展速度，要使不同往复运动速度下的车辙试验结果具有可比性，试验总的碾压次数应该保持一致。因此，这里以不同速度时试验轮对试件总的轮碾次数不变为原则，来设置相应的试验时长，即当试验轮运动速度为标准速度的 $1/n$ 时，那么试验时长调整为标准试验时长的 n 倍。如试验轮运动速度为 14 次/min 时，试验时长应设置为 180min，在这个试验时长内试验轮对同一位置的碾压次数与标准车辙试验条件的次数相同。

为适应低速下车辙试验时间的延长，作者修改了车辙试验控制软件，使试验时间能够在 24h 内任意设置。

3.3.2 非标准加载速度下动稳定度计算方法修正

这里仍然采用动稳定度（后面用 DS 代替）作为车辙指标，我国试验规程中计算 DS 的方法（后面称为 DS 标准计算方法）通常是根据第 45min 和第 60min 的竖向变形来计算的，对应的是标准轮碾速度，而在轮碾速度改变以后，则需要重新选择计算点。

采取与确定试验时长类似的方法来确定计算点，即以标准试验条件中第 45min 和第 60min 对应的轮碾次数（分别对应第 1 890 次和第 2 520 次）不变为准则。如试验轮运动速度变为标准速度的 $1/n$ 后，计算时间点分别对应第 $45\times n$ 分钟和第 $60\times n$ 分钟。

将 DS 标准计算公式稍做改进后可得到如下变轮碾速度下 DS 的计算公式：

$$\mathrm{DS}=\frac{630}{d_2-d_1}\times C_1\times C_2 \tag{3-1}$$

式中：d_1、d_2——分别为轮碾 1 890 次与 2 520 次对应的位移变形(mm)；

C_1——试验机类型修正系数，对于曲柄连杆驱动试件的变速行走方式为 1.0，链条驱动方式的为 1.5；

C_2——试件系数，标准试件为 1.0。

我国试验规程中 DS 标准计算公式是假定 45～60min 的车辙变形是随时间

呈线性变化的，大量的车辙试验证明这种假设在该时间段内是成立的。为了验证式(3-1)的适用性，作者还分析了变轮碾速度下DS计算方法对应的计算时间段内车辙曲线的线线拟合精度。以AC-20为例，在轮碾速度20次/min、0.7MPa轮压、60℃下开展了车辙试验，总的试验时间为126min。试验全过程中的车辙变形随时间的变化如图3-5所示，按照式(3-1)取94.5～126min段进行线性回归，结果发现回归直线的方差达到了0.995，说明本节对DS标准计算公式的修正方法是可行的。

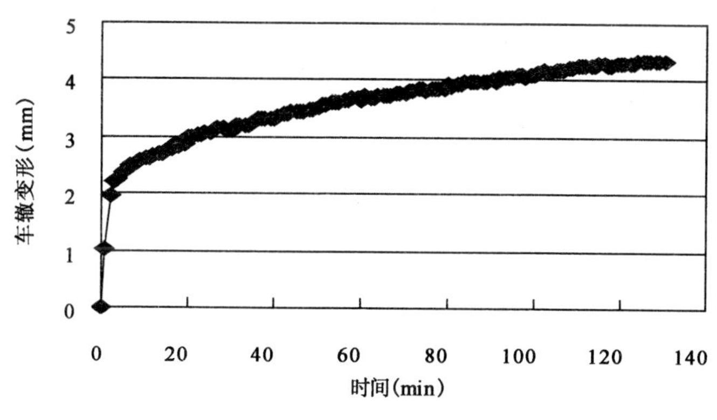

图3-5 低轮碾速度下车辙变形曲线

3.3.3 沥青混合料抗车辙性能试验评价新方法

一种试验评价方法至少应涉及两个方面的内容，一是如何测试实际性能参数，一是如何设定评价标准。我国现行规范规定了标准车辙试验方法以及各类沥青混合料的动稳定度评价标准值，但1.2节的车辙现象表明这种方法和标准需要修正。本节将对我国现行的车辙试验评价方法进行适当修正，提出两种修正思路：一是根据路面实际状况修正动稳定度控制标准，此时仍然采用标准车辙试验方法；二是根据路面实际状况修正车辙试验条件，此时动稳定度控制标准不变。

3.3.3.1 考虑路面实际状况时的沥青混合料动稳定度控制标准修正方法

我们都已认识到，气温高而且持续时间长、重车多、长上坡或陡坡路段应该采用抗车辙性能好的沥青混合料，也就是说应该提高车辙评价标准。但是，这个评价标准应该提高到多少，却没有一个有效的方法。本节将以1.2节提到的京港澳高速公路某段几种沥青混合料在重载、低速下的车辙试验结果为基础介绍一种动稳定度折算的方法。

采用上节介绍的改进后的车辙试验机对 SMA16 和 AC20 开展车辙试验，这里设置了几种不同的试验轮碾压速度作为试验条件，即 14 次/min、20 次/min、28 次/min、36 次/min、42 次/min，来探讨不同速度下沥青混合料的车辙状况，其他试验条件与标准试验方法相同。试验结果见图 3-6。

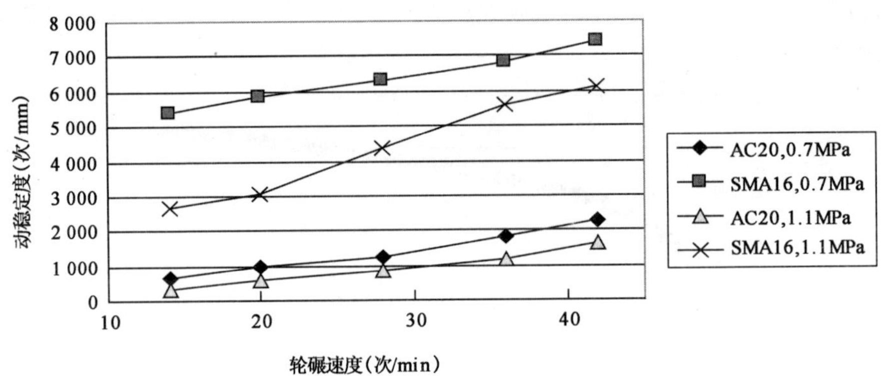

图 3-6　不同试验加载速度下沥青混合料的动稳定度

修正动稳定度控制标准的思路：假定某一轮碾速度下 DS 为规范推荐的评价标准值(例如 AC-20 为 800 次/mm，SMA-16 为 3 000 次/mm)，然后反向推导出对应的标准轮碾速度下的 DS。

下面以图 3-6 的试验数据为基础，介绍具体的步骤。

首先对图 3-6 中 0.7MPa 下 AC-20 和 SMA-16 的 DS-V 数据进行拟合，分别得到各自的拟合关系式：

$$\mathrm{DS}_V(\mathrm{AC20}) = 380.72\mathrm{e}^{0.043v}$$

$$\mathrm{DS}_V(\mathrm{SMA16}) = 4686\mathrm{e}^{0.0108v} \tag{3-2}$$

然后基于上述拟合 DS-V 关系式，考虑将不同轮碾速度下的 DS_{Vi} 乘以一个相应的折算系数 K_i 以折算成标准轮碾速度下的 DS_{0Vi}。经分析，K_i 分别取为：

$$K_i(\mathrm{AC20}, 0.7\mathrm{MPa}) = \mathrm{e}^{0.043(42-V_i)}$$

$$K_i(\mathrm{SMA16}, 0.7\mathrm{MPa}) = \mathrm{e}^{0.0108(42-V_i)} \tag{3-3}$$

将上述计算结果绘成图，如图 3-7 所示，图中标准轮碾速度为 42 次/min。

由图 3-7 可见：

(1)随着轮碾速度 V_i 的降低，经折算后的车辙评价标准值 DS_{0Vi} 逐渐变大，而且轮碾速度越低，DS_{0Vi} 增加越快。

(2)SMA-16 经折算后的车辙评价标准值增加幅度小于 AC-20,说明为适应低速行车路段沥青路面抗车辙的需要,SMA-16 需要改善的程度要小得多。就本节试验数据而言,改性沥青 SMA-16 不需改进就能够满足低速行车抗车辙性能,而 AC-20 则需要使用改性沥青,或者改进级配,或者添加抗车辙剂,甚至还需要综合采用这几种措施才能满足低速行车抗车辙性能。

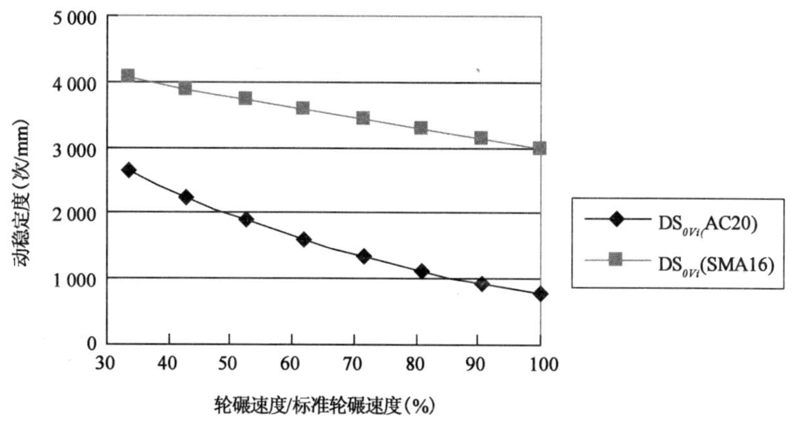

图 3-7　低速车辙试验动稳定度评价标准

按照同样的方法,可以根据 1.1MPa 下 AC-20 和 SMA-16 的 DS-V 数据得到 1.1MPa 下的折算系数分别为:

$$K_i(\text{AC20},1.1\text{MPa}) = e^{0.0723(42-V_i)}$$

$$K_i(\text{SMA16},1.1\text{MPa}) = e^{0.0319(42-V_i)} \tag{3-4}$$

总结上述过程,本节提出如下的沥青混合料车辙试验评价新方法:

首先,按照标准车辙试验方法测试沥青混合料的动稳定度,得到实测值 DS;

然后,对沥青混合料开展不同速度下的车辙试验,得到其折算系数公式 K_i,对我国规范推荐的沥青混合料动稳定度控制标准值[DS]进行修正,得到修正后的动稳定度控制标准值$[DS]^* = K_i \times [DS]$;

最后,按照实测 $DS \geqslant [DS]^*$ 来评价沥青混合料是否满足抗车辙性能要求。

3.3.3.2　考虑路面实际状况时的沥青混合料车辙试验方法

上述"考虑路面实际状况时的沥青混合料动稳定度控制标准修正方法"只是一种思路,要建立那样的折算公式需要开展大量的试验,不仅不同沥青混合料类型之间的折算系数不同,而且同类型沥青混合料的沥青结合料性质、矿料级配等对折算系数的影响也将非常大。因此,将很难类似于现行规范为每大类沥青混合料(如改性沥青 AC 类混合料)推荐一个通用型的折算公式,故该种方法只适合用于评价具体工程特定沥青混合料的抗车辙性能。

修正动稳定度控制标准是一项系统工程,一方面,我国现行规范设定的沥青混合料的动稳定度评价标准是基于大量标准条件车辙试验数据,并综合沥青混合料用于实际路面之后的抗车辙效果而确定的;另一方面,由动稳定度的定义可知其代表的是第 45~第 60min 时间段内车辙深度的增加速度的倒数,如果在不同试验条件下得到的动稳定度是相同的,则代表它们的车辙发展速度是相同的。

上述方法也需要利用改进的车辙试验机,既然如此,我们也可以考虑直接利用改进的车辙试验机开展非标准条件(即温度、荷载、加载速度与标准试验方法不同)下的车辙试验,这样就不需要进行那样烦琐的折算了。

对于一条封闭的道路而言,设计年限内爬坡路段路面所受到的车轮碾压次数与正常路段是相同的。从这个角度讲,抗车辙性能评价标准应该相同,但同时试验条件应不同,以尽可能地反映工程实际情况。

基于这种分析,本节提出如下的沥青混合料车辙试验评价新方法:

首先,分析实际路面所处的温度、交通环境,以及道路线形,确定"代表性"的室内车辙试验条件,包括荷载大小、加载速度以及温度;

然后,利用改进的车辙试验机,在该"代表性"试验条件下开展沥青混合料的车辙试验,按修正的公式计算得到动稳定度 DS;

最后,将计算得到的动稳定度值与我国现行规范设定的动稳定度评价标准值[DS]进行对比,按照实测 DS≥[DS]来评价沥青混合料是否满足抗车辙性能要求。

3.3.4 沥青面层结构抗车辙性能试验评价方法

上节从沥青混合料的角度提出了新的抗车辙性能试验评价方法,但是该方法不能反映沥青面层结构整体的抗车辙性能。为此,本节将探讨提出以沥青面层整体为研究对象的抗车辙性能评价方法,基本思路是利用前文提到过的改进型车辙试验机测试沥青面层的整体动稳定度 DS_w,并将其与预先设定的整体动稳定度控制标准$[DS]_w$ 进行对比,按照 $DS_w \geq [DS]_w$ 来评价沥青面层是否满足抗车辙性能要求。

这种试验评价方法可以用于指导沥青面层结构组合设计,具体应用将在第 5 章进行介绍。

提出一种抗车辙性能试验评价方法需要解决两个方面的问题,即测试方法和评价标准,而国内外都还没有过类似的沥青面层结构整体的抗车辙性能试验

评价方法，因此需要提出详细的测试方法和评价标准确定方法。沥青面层整体动稳定度控制标准的确定工作量很大，将在下章专门介绍，本节主要介绍沥青面层结构车辙试验方法。

本节将选用1.2节介绍过的京港澳高速公路某段原路面结构4cmSMA-16＋5cmAC-20I＋6cmAC-25II与三层处治后的路面结构4cmFAC-13＋5cmFAC-20＋6cmFAC-25(三层均采用改性沥青)，详细介绍沥青面层结构车辙试验方法。

3.3.4.1 试件成型方法

目前最适合制作大尺寸沥青混合料试件的方法是轮碾成型法，我国规范推荐的轮碾成型机是为单层沥青混合料车辙试验而配套开发的，其最大压实厚度有限。为此，作者改进了常规的轮碾成型机，增加了其碾压净空高度(达到30cm)。经此改进后，就能够完成对厚度达到30cm的多层式试件的碾压。

碾压按照实际路面施工工序，首先按常规试验方法碾压成型下面层沥青混合料(厚6cm)；待下面层沥青混合料冷却至室温时，加第二层试模(高5cm)碾压成型中面层沥青混合料，且在碾压成型中面层沥青混合料前，在下面层表面刷一层乳化沥青作为黏结层。按同样的工序碾压成型表面层沥青混合料，最终成型的试件尺寸为30cm×30cm×(4＋5＋6)cm。试件成型流程图如图3-8。

图3-8 全厚式路面车辙试件成型流程图

3.3.4.2 试件压实要求

由轮碾法成型常规车辙试件时，规范要求试件的密度符合马歇尔标准击实试样密度(100±1)%的要求。故在成型全厚式路面车辙试件时，也以每层的沥青混合料的密度达到其马歇尔标准击实试样密度100±1%为压实的控制指标。

每层均以碾压常规单层车辙试件的碾压次数碾压成型全厚式路面车辙试件，待试件冷却至室温后脱模，用切割机在每层混合料车辙板上切取试样，用表干法测试样的毛体积相对密度。取样时先切掉车辙板边缘的部分，取车辙板中心部位的混合料作为密度待测试样，以便减少车辙板边缘混合料压实不均匀带来的误差。每块板切取 4 块试样，以其密度的平均值作为车辙板的密度。

按照上述方法测得的全厚式路面车辙试件每层板的毛体积密度，除以对应的混合料马歇尔标准击实试样密度（简称马歇尔密度）即得压实度，计算结果见表 3-2。

全厚式路面车辙试件各层密度测试结果 表 3-2

混 合 料	毛体积密度(g/cm^3)	马歇尔密度(g/cm^3)	压实度(%)
SMA-16	2.449	2.470	99.1
AC-20	2.501	2.487	100.6
AC-25	2.511	2.47	101.7

由表 3-2 可知，在分层成型全厚式试件时，采用与常规单层车辙试件相同的碾压次数也可以达到规定的压实要求。因此，后面的车辙试验都采用标准碾压方式分别成型各层沥青混合料，而且为模拟路面面层实际施工工艺，每层碾压完毕后立即成型其上层，不需要等待其温度降低到室温。

3.3.4.3 全厚式试件温度梯度的形成

由于试验装置只能保证试件顶面和底面的温度，试件内部温度到底需要多长时间才能稳定，以及稳定的温度梯度与路面实际温度场有多大区别，都需要实际测试试件内部各处的温度。为此，作者在试件成型过程中分 3 层布设了温度传感器，分别是试件底部、中下层界面处和上中层界面处，每层布设了 3 个温度传感器；为保证隔热效果，连接传感器的导线统一从试件顶面引出，连接到温度巡检仪。

室内常规车辙试验中，要求 5cm 高的试件在 60℃的恒温箱内保温至少 5h。作者经过多次尝试确定了温度控制方法，即车辙试验机环境箱温度控制与试件底部温度水循环控制同步开始，并至少保持稳定 10h，直至温度巡检仪显示出各点温度稳定为止。

为检验本系统控制温度的效果，按照上述方法，将试件顶面温度和底面温度分别设为 60℃和 45℃，4cm＋5cm＋6cm 的全厚式车辙试件历经 10h 后基本能形成稳定的温度梯度，表 3-3 所示为 8h 以后实际测试的试件内部各层界面处的温度变化。

根据美国 FHWA 的沥青路面温度场经验公式，当路表温度为 60℃时，离路表 4cm、9cm 和 15cm 各处的温度分别为 53℃、48℃和 44℃。通过与表 3-3 最后

一行的温度值进行比较可以发现，两者比较接近。考虑到实际路面温度场影响因素众多，这个温度梯度变化范围也很广，因此该试验温度梯度是可以接受的，也说明上述温度梯度控制方法是可行的。

车辙试件内部温度(℃) 表 3-3

离顶面距离	0cm	4cm	9cm	15cm
8h	60	50.3	46.7	44.9
8h20min	60	50.7	47.1	44.8
8h40min	60	51.0	47.5	45.0
9h	60	51.3	47.7	44.9
9.5h	60	51.6	47.9	45.0
10h	60	51.8	48.1	44.9
11h	60	51.9	48.1	45.1
12h	60	51.9	48.3	45.0

作者对 4cm 改性沥青 SMA-13＋5cmA 级 70 号沥青 AC-20＋6cmA 级 70 号沥青 AC-25 这种组合结构进行了均匀温度场 60℃和温度梯度下的全厚式车辙试验，后者试件顶面和底面温度分别设置为 60℃和 47.4℃，具体的温度梯度同表 3-3 最后一行。两种情况下的车辙试验曲线如图 3-9 所示，按照规范动稳定度的计算方法得到前者 DS＝2 143 次/mm，后者 DS＝2 699 次/mm。

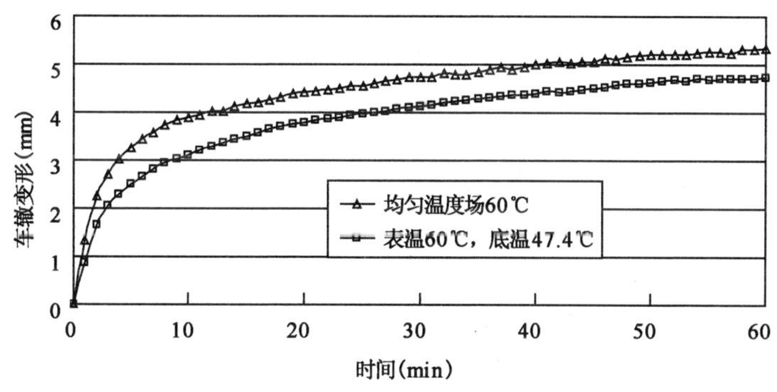

图 3-9 车辙变形曲线

由图 3-9 可见，温度梯度下的车辙变形比均匀温度场发展得慢，动稳定度变大。其原因在于：一方面，考虑温度梯度后，上中下各层内部的温度都低于均匀温度 60℃的车辙试件，降温后沥青混合料的抗车辙性能得到了增强；另一方面，温度降低以后全厚式车辙试件沥青混合料扩散荷载的能力增强，中下层沥青混合料所受压应力比均匀温度场时的要小，这也会导致其车辙变形发展变缓，动稳定度变大。

3.3.4.4　面层不同组合结构的全厚式车辙试验示例

一直以来道路工程界都非常重视表面层的综合性能，包括抗车辙性能，在发生路面车辙病害后习惯改用性能更优异的沥青混合料来改善沥青路面结构的抗车辙性能。其实我们应该看到，在表面层综合性能已经比较高的情况下，要继续提高其抗车辙性能代价会比较大，而已有的研究都已经表明中面层的抗车辙作用相当重要。那么单从车辙的角度来讲，作者认为目前对表面层是过度重视了，应该设法改善中面层的抗车辙性能，在其他条件许可的情况下，甚至可以降低表面层的性能，将节约的一部分资金投入到中面层上，以实现结构优化。

为此，作者模拟路面面层实际温度梯度，利用改进型车辙试验机开展全厚式车辙试验，以对比沥青面层不同组合结构的抗车辙性能。由于这种考虑了温度梯度的全厚式车辙试验能够模拟沥青面层的实际状况，试验结果能够较真实地反映结构组合对面层整体抗车辙性能的影响，对比试验也更有实际意义。

试验时拟定了 4 种沥青面层组合结构，见表 3-4。

全厚式试件结构组合　　表 3-4

编　号	上　面　层	中　面　层	下　面　层
全厚式 1 号	4cm 改性沥青 SMA-13	5cmA 级 70 号沥青 AC-20	6cmA 级 70 号沥青 AC-25
全厚式 2 号	4cm 改性沥青 AC-13	5cmA 级 70 号沥青 AC-20（添加 0.4%抗车辙剂）	6cmA 级 70 号沥青 AC-25
全厚式 3 号	4cm 改性沥青 AC-13	5cmA 级 70 号沥青 AC-20	6cmA 级 70 号沥青 AC-25（添加 0.4%抗车辙剂）
全厚式 4 号	4cm 改性沥青 FAC-13	5cmA 级 70 号沥青 AC-20	6cmA 级 70 号沥青 AC-25

车辙试验时统一设置全厚式车辙试件顶面温度为 60℃，底面温度为 47.4℃，车辙试验的 1h 内试件内部温度梯度稳定在如表 2-4 最后一行的状态。为便于比较，还分别按照规范的标准试验条件测试了各层沥青混合料的动稳定度，其中下面层采用的是 6cm 高的车辙试模。车辙试验结果见表 3-5。

车辙试验结果　　表 3-5

组合结构编号或材料	DS(次/mm)
改性沥青 AC-13	6 844
改性沥青 FAC-13	8 754
改性沥青 SMA-13	10 224
A 级 70 号沥青 AC-20	1 616
A 级 70 号沥青 AC-20(添加 0.4%抗车辙剂)	9 665
A 级 70 号沥青 AC-25	1 143
A 级 70 号沥青 AC-25(添加 0.4%抗车辙剂)	5 968
全厚式 1 号	2 880
全厚式 2 号	3 017
全厚式 3 号	2 323
全厚式 4 号	2 699

由表 3-5 可见

(1)全厚式 1 号试件与全厚式 4 号试件相比，区别只是表面层材料抗车辙性能增强了，温度梯度全厚式车辙试验结果也表明改善表面层材料抗车辙性能是能够增强面层结构整体抗车辙性能的。

(2)全厚式 2 号试件与全厚式 4 号试件相比，前者表面层材料动稳定度降低了 21.8%，而中面层材料动稳定度增长了约 5 倍，温度梯度全厚式车辙试验结果表明弱化表面层增强中面层这种方法是可以改善面层结构整体抗车辙性能的，而且能够取得比单纯增强表面层(全厚式 1 号试件)更好的改善效果，这是因为中面层是结构抗车辙的主体，对结构车辙贡献率最大。

(3)全厚式 3 号试件与全厚式 4 号试件相比，前者表面层材料动稳定度降低了 21.8%，而下面层材料动稳定度增长了 4 倍多，但温度梯度全厚式车辙试验结果却表明面层整体抗车辙性能下降了，这是因为下面层温度比较低，而且所受轮压也远小于 0.7MPa，其抗车辙性能的改善已经对面层整体抗车辙性能的影响比较小了，这也表明牺牲表面层性能以提高下面层性能是不可取的。

上述试验分析表明，全厚式车辙试验能够用于直观地评价沥青面层结构的抗车辙性能。

3.4 特殊条件下车辙试验与分析

本节将利用前面开发的车辙试验机，研究多种试验条件下沥青混合料的抗车辙性能。

3.4.1 荷载、温度和速度对沥青混合料动稳定度的影响

为了比较荷载、温度与速度对沥青混合料抗车辙性能影响程度的大小，下面设计正交试验来对比分析各因素的影响。

试验选取温度、荷载、速度 3 个因素，每个因素考虑 3 种水平，如表 3-6 所示。

因 素 水 平 表 表 3-6

因素 / 水平	A 温度(℃)	B 荷载(MPa)	C 速度(次/min)
1	60	0.7	42
2	65	0.9	28
3	70	1.1	14

选取 L9(34)3 水平 4 因素的正交表进行方案组合设计，试验方案见表 3-7。

正交试验组合方案 表 3-7

试验号	A 温度	B 荷载	C 速度	试 验 方 案
1	1	1	1	$A_1B_1C_1$
2	1	2	2	$A_1B_2C_2$
3	1	3	3	$A_1B_3C_3$
4	2	1	2	$A_2B_1C_2$
5	2	2	3	$A_2B_2C_3$
6	2	3	1	$A_2B_3C_1$
7	3	1	3	$A_3B_1C_3$
8	3	2	1	$A_3B_2C_1$
9	3	3	2	$A_3B_3C_2$

试验对象为改性沥青 SMA-13 混合料，以其动稳定度 DS 和最终车辙变形 RD 作为试验的评价指标。试验中严格控制温度、荷载与速度值，使用温度计校核车辙试验仪恒温箱内的环境温度，采用体磅计称量试验轮的轮重，确保试验中各因素的实际值与目标控制值一致；同时为了防止先后试验操作熟练程度的不同带来的误差干扰以及外界条件所引起的系统误差，随机选择试验次序。试验结果见表 3-8。

正交试验结果 表 3-8

试验号	A 温度	B 荷载	C 速度	DS(次/mm)	RD(mm)
1	1	1	1	8 700	1.172
2	1	2	2	5 100	1.354
3	1	3	3	3 094	2.521
4	2	1	2	5 620	1.425
5	2	2	3	3 510	1.652
6	2	3	1	3 000	3.423
7	3	1	3	3 256	2.168
8	3	2	1	2 752	3.584
9	3	3	2	1 200	4.327

3.4.1.1 试验结果直观分析

从表 3-8 可知，随着温度升高，荷载加重，轮碾速度变慢，沥青混合料的抵抗车辙变形能力越弱，其 DS 越小，车辙变形深度 RD 越大。对上表的试验结果作直观分析，结果见表 3-9。

正交试验结果直观分析 表 3-9

评价指标	因素	分析指标			
		K_1	K_2	K_3	极差 R
DS (次/mm)	A 温度	16 894	12 130	7 208	9 686
	B 荷载	17 576	11 362	7 294	10 282
	C 速度	14 452	11 920	9 860	4 592
RD(mm)	A 温度	5.047	6.500	10.079	5.032
	B 荷载	4.765	6.590	10.271	5.506
	C 速度	8.179	7.106	6.341	1.838

表 3-9 中 K_i 表示表中某一因素下水平号为 i 的 3 个试验结果之和，如对于因素 B，$K_1=8\ 700+5\ 620+3\ 256=17\ 576$；$R$ 为极差，$R=\max\{K_1,K_2,K_3\}-\min\{K_1,K_2,K_3\}$。极差是反映因素对试验结果影响程度大小的指标，极差越大，说明该因素对试验结果的影响越大。

本试验中，对 DS 与 RD 影响程度均为 RB>RA>RC，所以对沥青混合料抗车辙性能影响程度大小排序为：荷载>温度>速度。

对试验结果进一步分析发现，当温度恒定，荷载加重、速度变慢时，沥青混合料的抗车辙变形能力急剧下降。当温度恒定为 60℃时，荷载与速度变化时沥青混合料的 DS 变化如图 3-10。1.1MPa、14 次/min 时的 DS 比 0.7MPa、42 次/min

时的DS降低了64%,车辙变形增加了1倍多。重载与慢速的综合作用使沥青混合料的抗车辙变形能力大打折扣。

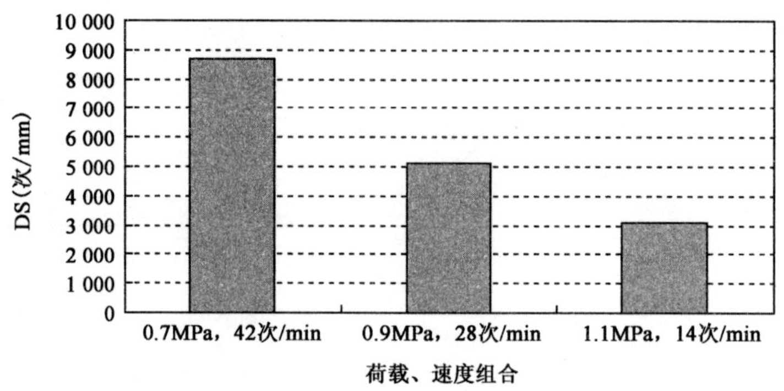

图3-10　重载慢速下沥青混合料DS变化

目前我国高速公路上货车超载现象已经是司空见惯,第一章调研的高速公路上超载车辆数量比例达到了80%,这些重载车辆在长大纵坡上坡处速度将降低2/3以上,重载慢速给沥青路面以极大的考验。所以要加强交通管制,制止车辆超载,同时需要改善长大纵坡处沥青混合料的抗车辙性能。

3.4.1.2　试验结果方差分析

通过直观分析法能够知道影响结果的因素的主次顺序,但不能估计试验误差的大小。也就是说,不能区分因素各水平所对应的试验结果间的差异究竟是由于因素水平不同引起的,还是由于试验的误差所造成的,因而不能知道分析的精度。为了弥补直观分析法的这些不足,可采用方差分析方法,见表3-10。

方差分析结果　　表3-10

参考指标	方差来源	自由度	离差平方和	均方值	F值	显著性
DS	A(温度)	2	15 637 820	7 818 910	17.570 25	(*)
	B(荷载)	2	17 875 772	8 937 886	20.084 76	*
	C(速度)	2	3 526 787.6	1 763 393.8	3.962 607	[*]
	e(误差)	2	890 016.89	445 008.45		
	T(和)	8	37 930 396			
RD	A(温度)	2	4.471 274 9	2.235 637 4	76.171 35	*
	B(荷载)	2	5.244 046 9	2.622 023 4	89.336 07	*
	C(速度)	2	0.568 310 9	0.284 155 4	9.681 58	(*)
	e(误差)	2	0.058 700 2	0.029 350 1		
	T(和)	8	10.342 333			

从方差分析结果可知：

(1)温度对 DS 影响较显著，对 RD 的影响显著；荷载对 DS 与 RD 均有显著影响。

(2)速度变化对 DS 有影响但不显著，但速度变化对 RD 有较显著的影响。

3.4.2 中温车辙试验与分析

一般认为，车辙主要出现在气候炎热地区的沥青路面，如我国南方地区，气温高而且高温天气持续时间也比较长，车辙现象就比较普遍。道路工程界也习惯用高温稳定性来描述沥青混合料的抗车辙性能。但我国北方地区沥青路面也同样遭受车辙问题困扰，如有调查发现辽宁省 4 条高速公路车辙病害严重。虽然东北地区夏季偶尔也会出现反常的高温天气，但无论是高温峰值还是高温持续时间都无法与南方地区相比。很显然，此时不能再将沥青混合料的抗车辙性能等同于高温稳定性，还需要全面考虑温度、汽车荷载和行驶速度的联合影响。

国内外基本都习惯从高温和重载的角度来研究车辙，但是我们还应看到，重载往往导致汽车低速行驶，特别是在长大上坡路段。第 1 章的调查发现大纵坡和连续上坡路段重载汽车行驶速度降到了 30km/h，而且该路段车辙非常严重。因此，速度对车辙的影响就不能忽略了，特别是在长大纵坡路段。

由于材料的黏弹性特性，从理论上来说可以将沥青混合料低速下的车辙试验转换为更高温度下的车辙试验，但这种转换需要时温转换因子，而时温转换因子的确定需要通过蠕变试验或应力松弛试验来确定，除需要专门的昂贵设备外，试验结果离散性也比较大。可见这种时温转换的方法实用性并不强，而开展低速下车辙试验就直观得多。

有研究表明，当温度低于 30℃时，沥青路面基本不会发生车辙病害。同时，60℃试验温度下沥青混合料的车辙性能已经研究得比较透彻了。但在 30℃以上、60℃以下的温度区间(本文称之为“中温”)内，沥青混合料或沥青路面在重载低速下的车辙性能尚没有进行过研究。

本节将针对这一问题开展中温、重载、低速车辙试验，探讨“寒冷地区”沥青路面车辙产生的原因。

3.4.2.1 中温车辙试验方案

国内外许多研究都已表明，沥青路面中面层对路面车辙影响巨大。为此，本节选用在我国广泛用做中面层的 AC-20 作为试验用材料。AC-20 石料为石灰岩，沥青结合料采用 70 号 A 级沥青，最佳油石比为 4.5%。

近年来,我国道路运输车辆超载现象极为普遍,严重的地方,几乎所有的货运车辆都存在不同程度的超限超载行为。超限超载必然引起胎压的上升。某高速公路的调查发现有71%的货车超载,其最大轴载达到200kN,远远超出了国内沥青路面设计规范0.7MPa的设计接地压力。

为探讨沥青混合料在中温环境下是否会发生车辙,本节拟定不同温度、不同荷载、不同车速的组合作为车辙试验条件,利用新型车辙试验机对不同条件下AC-20的抗车辙性能进行了评价。试验条件组合见表3-11。

车辙试验方案 表3-11

序号	轮压(MPa)	轮碾速度(次/min)	温度(℃)
1	0.7	42	60
2	0.7	42	45
3	0.7	42	30
4	1.1	28	60
5	1.1	28	45
6	1.1	28	30
7	1.1	14	60
8	1.1	14	45
9	1.1	14	30
10	1.4	28	60
11	1.4	28	45
12	1.4	28	30
13	1.4	14	60
14	1.4	14	45
15	1.4	14	30

3.4.2.2 中温车辙试验结果及分析

这里评价指标仍然采用动稳定度DS,其计算公式采用前面修正过的DS计算公式。

不同轮压、速度、温度条件下车辙试验得到的车辙深度曲线如图3-11,动稳定度变化曲线见图3-12,各种试验条件下车辙深度增长比例见表3-12。图中轮碾速度为42次/min、28次/min、14次/min时的车辙深度分别是在试验时长为60min、90min和180min时得到的数据。图中图例里的两个数据分别代表轮压和轮碾速度。

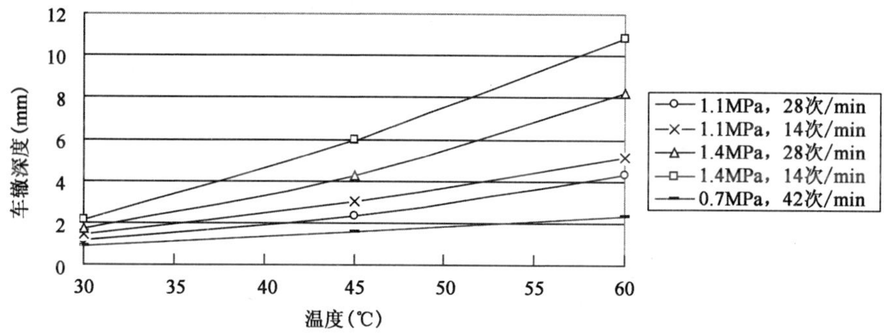

图 3-11 各种试验条件下车辙深度

在图 3-11 的基础上分析得到了回归方程：

$$RD = 0.0017342 \times p^{2.396556} \times v^{-0.337733} \times T^{2.145945} \tag{3-5}$$

式中：RD、p、v、T——分别代表车辙深度、轮压、速度和温度。

从图 3-11 和回归方程可以看出：

(1)其他条件相同时，随着试验温度的降低，车辙深度大幅减少，这一点已成为大家熟知的结论。

(2)在 30℃试验温度下，即使超载 1 倍、速度减慢 2/3，其车辙深度都小于标准试验条件(60℃、0.7MPa、42 次/min)下的车辙深度，这说明 30℃时即使在重载低速作用下沥青混合料的车辙危险也小于标准条件。

(3)在 45℃环境温度下，表 3-12 中只有 1.1MPa、28 次/min 条件下的车辙深度与标准试验条件的车辙深度比较接近，其余各种条件下的车辙深度都大于标准试验条件下的车辙深度，这充分说明即使在较低温度下，重载和慢速的联合影响也可能会导致沥青混合料产生车辙病害。

(4)温度越高，速度和轮压对车辙深度的影响越大。

各种试验条件下车辙深度增长比例 表 3-12

(轮压，轮碾速度)	60℃	45℃	30℃
(0.7MPa，42 次/min)	1	1	1
(1.1MPa，28 次/min)	82%	45%	34%
(1.1MPa，14 次/min)	116%	89%	67%
(1.4MPa，28 次/min)	247%	163%	101%
(1.4MPa，14 次/min)	359%	270%	147%

与标准试验条件相比，四种轮压、速度组合下的车辙深度增加幅度经计算列于表 3-12，表内各列中的百分比都是相对于该列第 2 行的数据而言的。由表 3-12 明显可见，60℃下增加幅度最大，30℃下增加幅度最小。

(5)相同温度下，轮压对车辙的影响比速度对车辙的影响要大，而且温度越高，轮压的影响越显著。

轮压同为 1.4MPa 时，14 次/min 的轮碾速度下产生的车辙深度比 28 次/min 时分别增加了 41%、32%和 23%(分别对应 60℃、45℃和 30℃)；而轮碾速度同为 14 次/min 时，1.4MPa 轮压下产生的车辙深度比 1.1MPa 时分别增加了 112%、95%和 47%(分别对应 60℃、45℃和 30℃)。

由图 3-12 可以看出：

(1)其他条件相同时，随着试验温度的降低，动稳定度大幅增加，说明此时车辙变形累积的速度减慢了。

(2)在 30℃试验温度下，即使超载 1 倍、速度减慢 2/3，其动稳定度都接近标准试验条件(60℃、0.7MPa、42 次/min)下的动稳定度，说明试验用的 AC-20 如果能够保证在标准条件下不会产生车辙的话，那么 30℃时即使遭受重载低速行车碾压也不会产生车辙。

(3)在 45℃试验温度下，只有 1.1MPa、28 次/min 条件下的动稳定度与标准试验条件下比较接近，其余各种条件下的动稳定度都低于标准试验条件下的动稳定度，这也说明即使在较低温度下，重载和慢速的联合影响也会导致沥青混合料产生车辙病害，这与前述由车辙深度得到的结论一致。

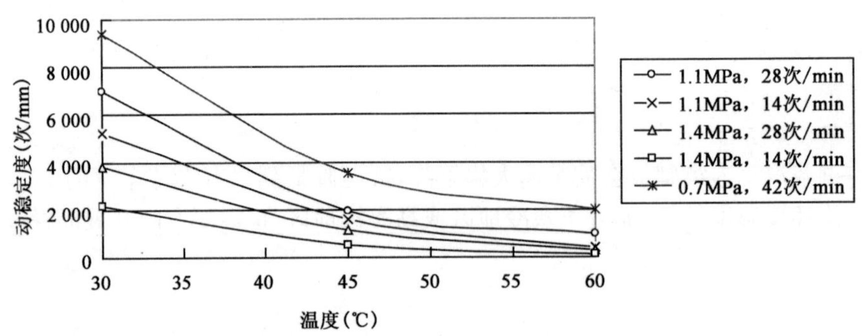

图 3-12　不同试验条件下的动稳定度

3.4.2.3　中温车辙试验结论

通过上述室内车辙试验及分析，可以得到如下结论。

(1)道路工程界一直以来都比较忽视沥青混合料的中温车辙问题,本节证实了中温条件下沥青混合料也有发生车辙的危险,此时决定性的因素是汽车重载和低速的联合影响。

(2)我国《公路工程沥青及沥青混合料试验规程》(JTG E20—2011)推荐寒冷地区沥青混合料车辙试验温度采用45℃,但并没有同时要求采用重载和低速试验条件。

本节的研究发现,在45℃试验温度下,本节试验用的AC-20在文中任意一种重载和低速的组合下,其抗车辙性能都比标准试验条件下要差;而且可以想象,其他条件相同时,60℃下能够满足抗车辙性能要求的沥青混合料,其在45℃下肯定也能满足要求。

这就说明,采用45℃、0.7MPa、42次/min的试验条件来进行寒冷地区沥青混合料抗车辙性能检验其实是降低了要求,客观上容易导致寒冷地区各地降低路面沥青混合料性能,实际情况却是寒冷地区沥青路面在重载作用下也频繁产生车辙破坏。

为此,作者建议对寒冷地区沥青混合料的抗车辙性能检验,除将试验温度改为45℃之外,还需要根据道路交通状况,采用重载低速的试验条件,这样的车辙试验条件才能真正起到控制车辙病害的作用。

(3)试验温度越低,低速和重载对车辙的影响越小,试验温度低到一定程度后,即使有重载和低速的联合作用,沥青混合料的抗车辙性能也能够达到标准试验条件下的水平,对本节试验用的AC-20而言,这个温度是30℃。

(4)相同温度下,重载对车辙的影响比低速对车辙的影响要大,而且温度越高,重载的影响越显著。

(5)寒冷地区沥青路面车辙的产生除因为沥青混合料高温稳定性不足外,还需要考虑中温时间段内重载和低速引起的车辙。

结合道路工程的实际,则需要特别关注重载车辆较多的长大上坡沥青路面,因为重载汽车连续爬坡会使车速大幅下降,甚至降低到只有设计车速的1/3,此时即使环境温度较低,如处于寒冷地区或高海拔地区,也需要专门开展沥青混合料的抗车辙性能研究。

3.5 车辙试验新方法用于解释长大纵坡路面车辙现象

本节将利用前文提到的改进车辙试验机和抗车辙性能评价新方法,对第1章调查过的长大纵坡屡屡出现的车辙现象进行分析。

3.5.1 低速车辙试验用于解释长大上坡沥青路面车辙现象

在相关规范里专门规定了车辙评价指标、试验方法和控制标准，并得到了推广应用。但是，按照相关规范实施的实体工程应用效果却不容乐观，特别是爬坡路段，车辙严重。作者认为，爬坡路段汽车特别是重车行驶速度变慢，使荷载对路面的作用时间延长而使材料变形增加是车辙的一个主要诱因，但目前的车辙试验规程设定的轮碾速度恒定，无法模拟低速行驶状态，那么相应的车辙控制标准也就没有针对性，这可能正是爬坡路段沥青路面易产生车辙的真正原因。

对第1章上坡路段路面面层使用过的6种沥青混合料进行了标准条件下的车辙试验，试验结果见表3-13。

沥青混合料标准车辙试验结果　　表3-13

混合料	DS(次/mm)	混合料	DS(次/mm)
SMA-16	9 302	FAC-13	10 612
AC-20 Ⅰ	1 616	FAC-20	6 664
AC-25 Ⅱ	1 143	FAC-25	4 701

从表3-13可知，6种沥青混合料的动稳定度均达到了规范要求，且SMA-13与改性沥青FAC沥青混合料的动稳定度已远远超过规范的要求值。

3.5.1.1 采用低速车辙试验得到的动稳定度进行评价

按理说，由表3-13的沥青混合料组成的沥青面层应该是能够抵抗车辙的。但是，实际道路的车辙病害频发，作者认为原因之一在于试验采用的条件未能很好地模拟实际状况。为此这里设置了几种不同的试验轮碾压速度作为试验条件，即14次/min、20次/min、28次/min、36次/min、42次/min，来探讨不同速度下沥青混合料的车辙状况，试验其他条件与标准试验方法相同。试验结果见图3-13(与前文的图3-6相同)。

由图3-13可见：

(1)随着轮碾速度的降低，沥青混合料的DS逐渐减少。

(2)标准轮压下，当轮碾速度降低为标准速度的1/3时，AC-20的DS减小了70.8%，且略小于现行规范中要求的800次/mm；改性SMA-16的DS减小了约27%，但仍然大于现行规范中要求的3000次/mm。

(3)从上述测试数据来看，对于SMA-16＋AC-20的这种上中沥青面层结

构，在正常的载荷水平下，速度即使降为标准轮碾速度的一半，也应该是能够抵抗车辙变形的，但若速度降低到 1/3，则中面层就会出现抗车辙性能不足的情况。

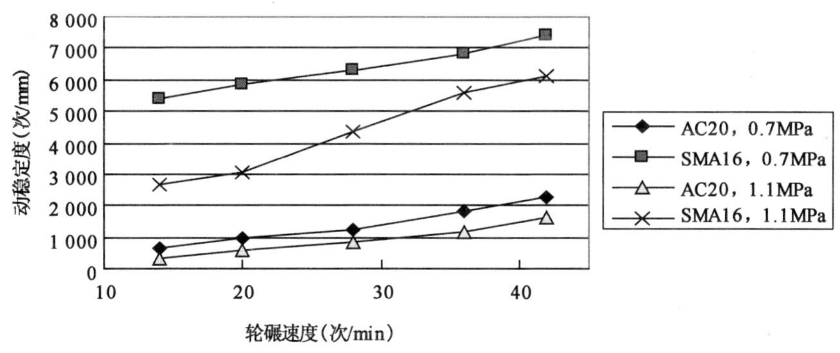

图 3-13 轮碾速度对车辙结果的影响

3.5.1.2 采用重载低速车辙试验得到的动稳定度进行评价

为进一步探讨行车速度对车辙的影响，本书还在重载条件下开展了变速车辙试验，同样选取了 5 种轮碾速度：14 次/min、20 次/min、28 次/min、36 次/min、42 次/min，轮压增加到了 1.1MPa，其他试验条件与标准试验条件相同。试验所得结果也示于图 3-13。由图 3-13 明显可见：

(1)重载作用下低速时沥青混合料的 DS 变化幅度都大于标准轮压下的对应值，特别是 AC-20 在重载低速(1/3 标准速度)下的 DS 不到规范要求值的一半，而此时 SMA-13 的 DS 也不能满足规范要求。

(2)从测试数据来看，SMA-16＋AC-20 的这种上中沥青面层结构在重载而且速度低于 2/3 标准速度时就会出现抗车辙性能不足的情况，其原因就在于此时上中面层抗车辙性能不达标，特别是中面层抗车辙能力太弱；

(3)另外，图 3-13 也显示出 SMA-16 适应重载低速交通的能力远优于 AC-20。

作者在第 1 章连续爬坡路段沥青路面所做的交通调查发现，货车超载率达到 60%，车速测试结果则显示大货车上坡车速普遍只有 30km/h 左右。本节所开展的重载低速车辙试验能够在一定程度上反映该路段实际工作状况，而该路段通车当年即出现严重车辙病害的状况，也验证了上述车辙试验结果。

3.5.1.3 采用修正后的动稳定度控制标准进行评价

3.3.3 节曾以本节的两种沥青混合料为例介绍了修正动稳定度控制标准的方法，并得到了折算系数的表达式，见式(3-3)和式(3-4)。根据该式，假定 AC-20 和 SMA-16 在标准速度下重载车辙的动稳定度控制标准分别采用 1 000 次/mm 和 3 500 次/mm，那么在轮碾速度降到标准轮碾速度的 1/2 时，它们的动稳定度控制标准分别为 4 564 次/mm 和 6 839 次/mm，降到标准轮碾速度的 2/3 时，则分别为 2 752 次/mm 和 5 470 次/mm。

表 3-14 中试验得到的 SMA-16 和 AC-20 的动稳定度 DS 分别为 9 302 次/mm 和 1 616 次/mm，后者离上面提出的车辙评价标准有一定差距，说明即使不考虑重载的影响，轮碾速度降低 2/3 时 AC-20 就会出现抗车辙性能不足的情况。

3.5.2 采用沥青面层结构车辙试验解释车辙现象

这里对前面进行过车速调查的大纵坡路段路面面层 SMA16＋AC20＋AC25 以及 FAC13＋FAC20＋FAC25 进行了对比试验，包括各单层沥青混合料以及全厚式车辙试验。车辙试验温度为 60℃，荷载为 1.1MPa，试验轮往复速度为 14 次/min，AC25 和 FAC25 车辙试件的厚度为 6cm。试验结果见图 3-14，图中各 DS 值是根据本项目提出的修正计算方法计算得到的。图中 SMA16、FAC13、FAC20、FAC25 都采用改性沥青，其他沥青混合料都采用 70 号 A 级沥青。

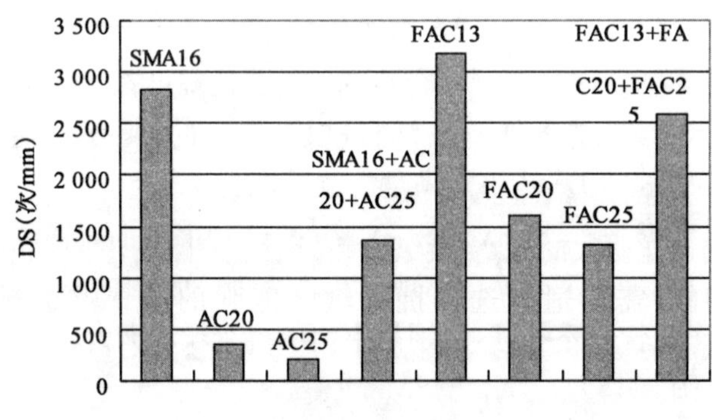

图 3-14 车辙试验结果

图 3-14 中 SMA 沥青面层结构在常载常速下试验条件下的动稳定度为 2 143 次/mm，而在重载低速下其动稳定度下降明显，只有 1 338 次/mm，下降了约 38%。图 3-14 也清晰地表明 FAC-13＋FAC-20＋FAC-25 结构组合比

SMA-16＋AC-20＋AC-25 抗车辙性能强，实体工程的应用效果也证明了这一点。

目前我国规范没有给出沥青面层整体抗车辙性能的控制标准，这里也不便判断 SMA16＋AC20＋AC25 和 FAC13＋FAC20＋FAC25 是否能够抵抗车辙，下面将只对这两种结构进行对比分析。

分析图 3-14 中 DS 值，若改性沥青 SMA 按规范设定的 3 000 次/mm、AC 类混合料按 800 次/mm 来控制，那么图中的 SMA16、AC20、AC25 重载低速时都不满足抗车辙性能要求；若改性沥青 FAC 类按照规范设定的 2 800 次/mm 来控制，那么图中的 FAC20、FAC25 重载低速时都不满足抗车辙性能要求，FAC13 也刚好超过标准。按照目前的车辙评价标准和方法，也仅能判断出这两种组合结构都不满足要求，至于它们的整体抗车辙性能到底有多大差距，则无法做出判断。

这两种组合结构都曾用于前述 5%纵坡 1000m 长的上坡路段，SMA16＋AC20＋AC25 结构通车仅半年就出现了严重的车辙，FAC13＋FAC20＋FAC25 在通车约 2 年后也出现了比较严重的车辙病害，说明这两种组合结构的整体抗车辙性能都是不足的。但是，对于该上坡路面如何维修才能抵抗车辙，根据单层沥青混合料的 DS 分析结果，只能做出需要继续加强各层沥青混合料的抗车辙性能的判断，对于三层 DS 如何组合才能增强面层整体抗车辙性能同时保证经济性，它是无能为力的，特别是在三层都用到了改性沥青仍然无法抵抗车辙的情况下，全厚式车辙试验就显出其独到的作用。

如同沥青路面抗裂结构设计方法一样，在拟定路面结构时需要有一定的指导原则，否则会处于无序状态，工作量也会大大增加。本章得到了一些比较有意义的试验结果，可以为沥青路面结构组合设计提供参考，甚至是作为从抗车辙性能角度考虑的结构组合原则：

(1)重载交通比例大的公路，大纵坡和长上坡的路段，需要加强沥青面层整体的抗车辙性能，需要适当选择抗车辙性能强的沥青混合料组合成面层结构。

(2)对于寒区公路，如果重载车辆比例不大，则可以适当降低沥青面层的抗车辙性能，不需要选择高抗车辙性能的材料组合成面层结构；但是，如果重载车辆比较多，则仍然需要适当选择抗车辙性能强的沥青混合料组合成面层结构。

(3)中面层对沥青面层结构整体抗车辙性能的影响最大，表面层次之，下面层最小；如果要加强沥青面层结构整体的抗车辙性能，则应该首选对中面层沥青混合料进行加强。

(4)降低表面层抗车辙性能同时提高中面层抗车辙性能,这种方法能够改善沥青面层整体抗车辙性能,甚至比单纯改善表面层的效果还要好。

(5)降低表面层抗车辙性能同时提高下面层抗车辙性能,这种方法很难达到改善面层整体抗车辙性能的目的。

第4章　沥青面层结构抗车辙性能控制标准确定方法

前面章节已经对比了沥青混合料在不同试验条件下的动稳定度测试结果，虽然在改变试验条件的情况下可以部分解释长大纵坡路段沥青路面的车辙现象，但是若能以沥青面层整体为研究对象，则更能直观解释车辙问题。

按照通常的评价方法，要判断沥青路面是否会出现车辙病害，需要按照$DS_{实测} \geqslant [DS]$进行判断，其中$DS_{实测}$是通过试验实际测试得到的动稳定度，[DS]是设置的动稳定度控制标准值。第3章介绍了对沥青面层整体开展车辙试验的方法，本章重点介绍如何确定沥青面层整体动稳定度控制标准。

4.1　沥青面层整体动稳定度控制标准确定方法

沥青路面结构抗车辙性能是与结构对应的路用性能，如果要设定一个控制标准来防控路面车辙病害的话，最直接的方法是现场测试实际道路产生车辙部位的抗车辙性能，建立车辙深度和抗车辙性能之间的关系，再经过分析确定抗车辙性能控制标准；但是，“现场测试实际道路产生车辙部位的抗车辙性能”不仅对测试设备要求很高（测试成本也高），比如移动式加速加载试验设备，而且会严重影响交通通行。当然，也可以采取替代方法，如专门修建试验路段（如环道），通过加速加载试验来建立车辙深度和抗车辙性能之间的关系，但是，这种方法成本仍然很高，而且环道所处地区的气温和雨雪等气候条件限制了研究结果的推广适用范围。

鉴于上述分析，本书提出如下的沥青面层结构动稳定度控制标准确定方法：

（1）选择已通车运营公路作为研究对象。

（2）调查该公路路面车辙病害，选择不同车辙深度处对应的横断面进行取样，即选择有代表性的部位取出整个沥青面层的试件。

如果由于各方面的原因，不便于在已通车公路路面进行破坏性取样，作者建议可以重现性试验来代替现场取样，即根据原始的沥青混合料材料组成设计资料，在室内按照该级配来重新成型试件。

(3)按照上一章提出的沥青面层全厚式轮辙试验方法,对现场取回的试件开展室内车辙试验。

(4)分析轮辙试验结果,建立实测车辙深度与沥青面层整体动稳定度之间的联系。

(5)根据设定的路面车辙深度容许值(如我国规范对高速公路沥青路面设定为 15mm),由"车辙深度与沥青面层整体动稳定度之间的联系"计算出车辙深度容许值对应的沥青面层整体动稳定度数值,该数值即为该路段沥青面层结构动稳定度控制标准。

需要说明的是,按照上述方法得到的动稳定度控制标准应该加上限定词,即该标准仅适用于该公路所在地区和交通量。这是因为地区不同,沥青面层温度场会有区别,将直接影响动稳定度测试结果;车辙调查时间不同,累计交通量(或当量轴次)也不相同,将直接影响与动稳定度对应的车辙深度。所以,从应用的角度考虑,按照上述方法得到的"动稳定度控制标准"只能用于调查公路附近地区类似道路的结构优选,而且只能保证该路承受相同的累计当量轴次。另外,这种"动稳定度控制标准确定方法"还涉及了全厚式轮辙试验条件和基于车辙的轴载等效换算方法,作者为此提出了"代表性车辙试验条件"的概念,即根据道路的交通组成和轴载谱、货车行驶速度以及路面内部温度场情况来确定轮辙试验采用的荷载大小、加载速度以及试件内部温度场。

(6)对不同地区、不同道路开展上述试验和分析,得到该路段的沥青面层动稳定度控制标准;并对该路段交通量进行分析,得到已承载的累计当量轴次(至于"基于车辙的轴载等效换算方法",可以直接引用国内外已有的研究成果);然后建立调查路段沥青面层动稳定度控制标准～累计当量轴次之间的关系。

在上述研究的样本量达到一定量以后,就可以由累计当量轴次直接计算出所需要达到的沥青面层动稳定度控制标准,或者分交通等级为沥青面层结构设定动稳定度控制标准,用于指导沥青路面结构设计和施工控制。

与通过现场加速加载或环道加速加载试验来确定沥青路面结构动稳定度控制标准的方法相比,本书提出的方法试验周期短、成本低廉、对交通通行影响小,特别适合旧路加铺或改扩建工程,因为所得结果可以直接应用;即使对于新建公路,也可以通过对该公路附近的类似道路开展车辙病害调查和现场取样的轮辙试验来确定动稳定度控制标准,仍然可以用来指导新建公路的结构组合优选。

4.2 固定交通量下沥青面层整体动稳定度控制标准确定方法

本节将以广云高速公路某段沥青路面为例，按照上节提出的沥青面层结构动稳定度控制标准确定方法的前5个步骤，介绍如何确定沥青面层结构动稳定度控制标准。

4.2.1 车辙调查与取样

调查路段位于广云高速公路某段，2004年12月24日建成通车，由于车流量较大，路面病害逐年增多。2007—2009年管理部门对出现的裂缝采取灌缝、封缝和贴缝的方式进行了处治，2010—2011年对部分路段采用SPRR封层进行了预防性养护。

调查路段沥青路面面层厚度18cm，一般路基段上、中、下三层分别采用4cm改性沥青AC-13、6cm AC-20、8cm AC-25。大桥、特大桥桥面铺装采用双层改性沥青混合料，与大桥、特大桥相邻的短隧道或中、长、特长隧道洞口采用双层改性沥青混合料，其余桥面铺装和隧道沥青路面采用4cm改性AC-13和6cmAC-20（不改性）。

调查路段2010年与2012年的年平均日交通量分别为17 750辆和18 343辆，其通行能力为25 000～55 000辆/日，饱和程度约为50%，交通量较大，负荷重。调查发现：

（1）主要车型为一、三和五型车即小汽车、大中型客车和重型货车，大中型客车和大重型货车的交通量占交通量的48%，重载交通比例非常大，路面承受荷载情况严峻。

（2）5月至9月的重载交通量较大，7月与12月的重载交通量最大。广东地区5月至9月为高温炎热季节时期，沥青路面需承受高温和重载双重作用。

（3）超载货车占总货车的比例较高，超载情况严重，达到91.84%，大多数货车的超载程度在0～30%之间。

（4）车辆在道路上的行驶分布不一样，一、二型车速度较快，主要在超车道行驶；大重型货车和中大型客车速度慢，主要在主车道行驶；一、二、三型车在超车道上的流量约为其在主车道上的2.5倍，四、五型车在主车道上的流量约为其在超车道上的3倍。

该路段的车辙病害调查结果如图4-1所示。

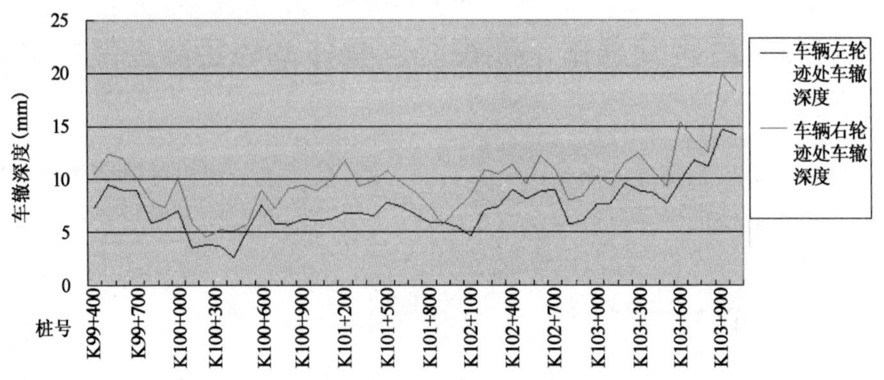

图 4-1　调查路段主车道车辙深度

图 4-1 的车辙深度是每百米车辙深度的平均值，其中部分断面车辙深度超过 20mm 甚至是 30mm。从图 4-1 能较清晰地看到，在主车道车辙深度中左右轮迹处的车辙深度不一样，如 K101＋200 附近路段左右轮迹处车辙深度差值超过 5mm，部分点超过 10mm；其可能的原因是路面存在 2％的路拱横坡，车辆在行驶过程中重力向右轮倾斜所致，也可能是因左轮迹靠近超车道，行驶车辆较多以及车辆变道导致车辙隆起处被碾压所致。部分车辙病害调查数据见表 4-1。

部分路段主车道车辙深度调查数据　　表 4-1

桩　号	车辆左轮迹处车辙深度(mm)	车辆右轮迹处车辙深度(mm)	桩　号	车辆左轮迹处车辙深度(mm)	车辆右轮迹处车辙深度(mm)
K99＋500	10.3	10.8	K101＋180	5.6	11.8
K99＋510	9.8	12.9	K101＋200	5.5	10.8
K99＋520	9.9	11.4	K101＋230	9.2	18.3
K99＋530	7.8	10.3	K101＋240	8.5	13.9
K99＋540	7.5	12.4	K101＋270.	4.4	11.5
K100＋240	4.1	4.0	K103＋980	19.0	31.8
K100＋250	4.0	4.8	K103＋990	19.0	36.3
K100＋260	4.0	4.3	K104＋000	19.5	26.4
K100＋270	2.5	3.2	K104＋010	14.5	21.5
K100＋280	2.7	3.5	K104＋020	17.8	26.8

根据研究需要和路面车辙实际情况，车辙取样断面主要依据路面车辙的深度来确定，要在不同的车辙深度处的断面进行取样；各取样断面的交通量及交通组成要有代表性的，不能有较大的改变和影响，如要避开隧道、匝道口，该地点需开阔，阳光充足，能很好地代表道路所处的气候温度；还需考虑道路的纵坡，超高等因素。取样的平面尺寸为75cm×75cm，需要挖出整个沥青面层，具体位置分别在车辙凹陷、隆起处和对应主车道车辙位置的硬路肩处。具体的取样位置见表4-2，取样方法见图4-2。除在K103＋650主车道车辙处取4块试样外，其余试样均在硬路肩处挖取。

车辙取样方案　　表4-2

编组号	取样断面	左轮迹处车辙深度（mm）	右轮迹处车辙深度（mm）	取样位置	取样数量（个）
1	K100＋270	2.5	3.2	硬路肩	1
2	K100＋250	4.0	4.8	硬路肩	1
3	K102＋630	9.3	10.9	硬路肩	1
4	K102＋690	11.2	12.9	硬路肩	1
5	K102＋720	10.1	15.4	硬路肩	1
6	K102＋800	7.2	8.4	硬路肩	1
7	K102＋830	4.3	6.9	硬路肩	1
8－12	K103＋650	10.6	21.2	硬路肩 主车道	5

a)住车道处取样

b)硬路肩处取样

图4-2　现场车辙取样

在车辙处所取试样将用于研究面层各层对车辙深度的贡献率，分析车辙的形成原因；在路肩处所取试样将用于测试其整体动稳定度，评价其初始抗车辙性能。

4.2.2 全厚式车辙试验

将现场取回的 75cm×75cm 车辙试样切割成四块 30cm×30cm 的小试件，用于平行试验。

4.2.2.1 加载方式

车辙病害调查结果显示，右轮迹处车辙深度比左轮迹处更大，可能的原因是路面存在路拱横坡和超高，荷载没有作用在轮轴中心处，偏载导致右轮压力比左轮压力大。这里通过计算来进行分析说明。

以普通大型货车为例进行计算，其车轮间距为 185cm，底盘距地面 100cm，车厢高度为 300cm，车辆重心取距地面为 200cm。如果取车辆超载时单轴荷载 130kN，则计算得到左右轮组对地垂直压力 $P_{右}=69.2$kN，$P_{左}=60.8$kN，进而计算得到左右轮组（各 2 个车轮）与地面的接触压强分别为 0.967MPa 和 0.855MPa，两者相差 0.11MPa。

这里采用长安大学郑南翔教授通过足尺 ALF 加速加载车辙试验提出的考虑温度—轴载—轴次的车辙预估模型（发表于《中国公路学报》2009 年第 3 期）来进一步分析左右轮迹处车辙深度的区别：

$$R = AN^{B}\left(\frac{T}{T_0}\right)^{n}\left(\frac{L}{L_0}\right)^{b} \tag{4-1}$$

式中：T_0——试验温度；

L_0——试验轴载；

L——拟换算的轴载；

T——拟换算的温度；

N——换算轴载的作用次数；

R——轴载 L 作用 N 次后对应的车辙预估深度；

对半刚性基层沥青路面而言，式中系数和指数取值为 $A=0.0049$，$B=0.712$，$n=6.35$，$b=1.32$。

将前面计算出的左右轮接地压强代入式(4-1)，可以计算出右轮迹处车辙深度/左轮迹处车辙深度=1.17。而由表 4-2 可以计算出 1—8 号编组对应的右轮迹处车辙深度与左轮迹处车辙深度的比值分别为 1.28、1.2、1.6、1.17、1.17、1.15、1.52 和 2，除 3、7、8 号编组数据外，其余数据都与计算分析结果基本一致。

根据实际交通量调查结果和上述理论计算结果，沥青面层结构的室内全厚式车辙试验选择以下几种加载方式：

(1)标准车辙试验，加荷载为 0.7MPa，行走一个小时或至车辙深度 25mm 时停止。

(2)重载条件下的车辙试验，加荷载为 0.9MPa，行走两个小时或至车辙深度 25mm 时停止。

(3)为模拟道路交通量及车辆载重递增的过程，在标准车辙试验结束后再以 1.1MPa 继续行走一个小时或至车辙深度 25mm 时停止。

4.2.2.2 试验温度

现行沥青混合料车辙试验规定的试验温度为 60℃，根据需要在寒冷地区可采用 45℃，高温地区可采用 70℃。此温度设置只是针对沥青混合料材料车辙试验，并不适用沥青路面结构车辙试验。相关研究和对道路沥青路面温度的调查表明，沥青路面内部结构温度是存在梯度变化的，所以沥青面层整体结构的全厚式车辙试验的温度控制采用上一章的方法，即通过水循环等温控系统使试件内部形成温度梯度，具体如表 4-3 所示。

试件底部温度控制　　表 4-3

编组号	1	2	3	4	5	6	7	8
试件厚度(cm)	18.8	19.2	19.6	18.2	20.4	18.9	18.9	20.2
顶面试验温度(℃)	60	60	60	60	60	60	60	60
底部试验温度(℃)	47	46.4	45.8	47.9	44.4	46.9	46.9	44.8

试验时按照上表控制试件顶面和底面的温度并保持稳定，同时保证试件四周不与外界产生热交换，通过较长时间的内部热传导形成温度梯度。

4.2.2.3 车辙试验结果

利用上一章提到的改进型车辙试验机，对现场取样在上述条件下开展全厚式车辙试验，得到如图 4-3 所示的车辙变形曲线。图中每一组试样都有两种加载方式得到的两条车辙变形曲线：一是 0.7MPa 荷载下试验 1h，然后在其基础之上荷载递增到 1.1MPa 继续试验 1h，在图中标注为“0.7MPa 及在基础上1.1 MPa”；二是 0.9MPa 荷载下试验 2h，在图中标注为“0.9MPa”。

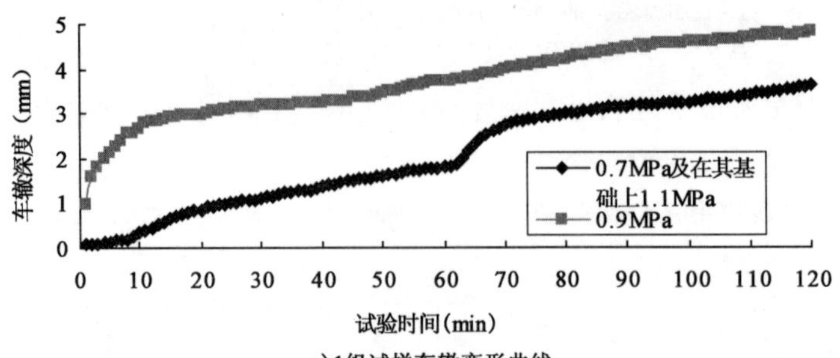

a) 1组试样车辙变形曲线

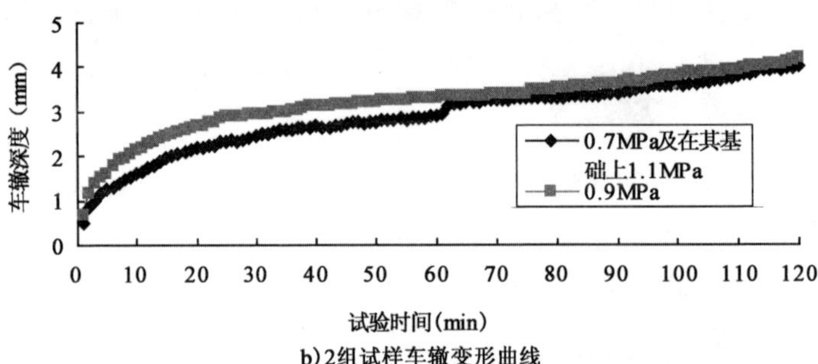

b) 2组试样车辙变形曲线

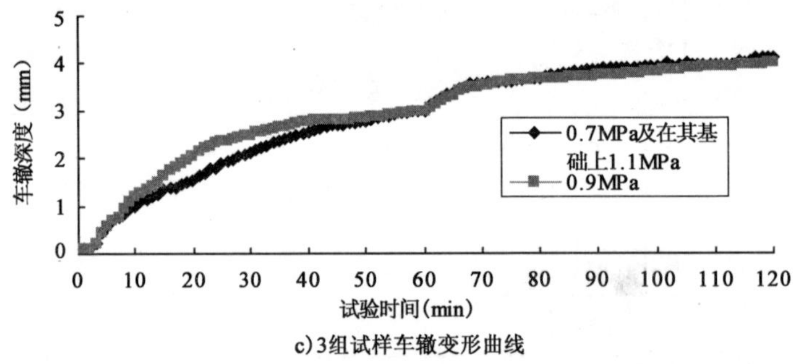

c) 3组试样车辙变形曲线

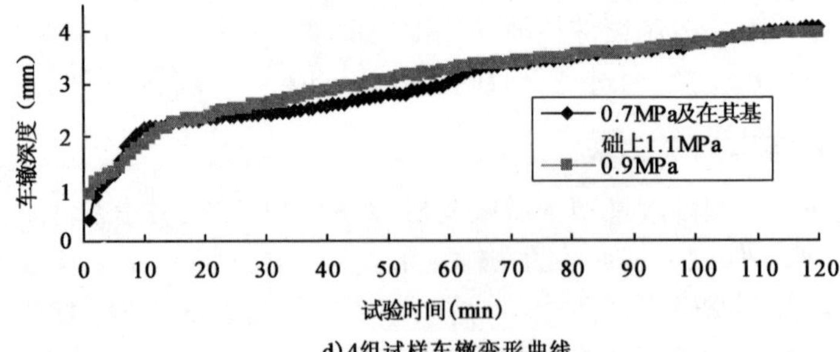

d) 4组试样车辙变形曲线

图 4-3

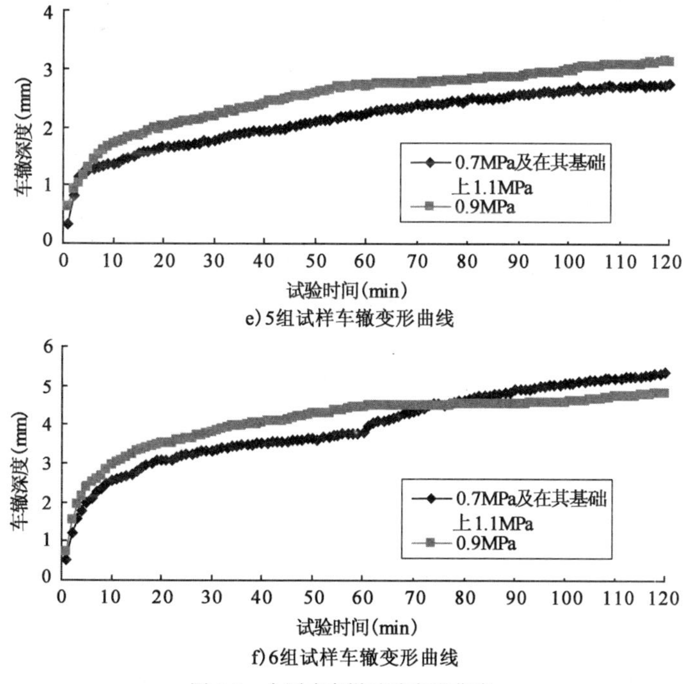

e)5组试样车辙变形曲线

f)6组试样车辙变形曲线

图 4-3 全厚式车辙试验变形曲线

从图 4-3 中车辙变形曲线可以看出：

(1)0.7MPa 和 0.9MPa 荷载下第一个小时试验阶段的前 20min 内车辙变形量与变形率均较大，试件应处于压密变形阶段，试验后期 45～60min 时间内车辙变形率趋于稳定。

(2)在 0.9MPa 荷载下试验 1h 的车辙变形均大于 0.7MPa 下的车辙变形，荷载大小对车辙变形起着重要作用。

(3)在 0.7MPa 加载 1h 后再次 1.1MPa 加载试验，因为试验不是连续进行，需要时间停顿对试验荷载进行调整，所以第二个小时试验的初始阶段车辙变形有突变；其第二个小时试的车辙变形曲线稳定，未出现加速变形的破坏现象。

(4)除个别试件外，0.9MPa 持续加载 2h 的车辙深度大于 0.7MPa 加载 1h 后再次 1.1MPa 加载 1h 的车辙深度，但其两个阶段(第一小时段和第二小时段)的动稳定度差别不大。

将试验所得的现场所取试件的动稳定度与取样断面的车辙深度(主车道右轮迹处)一一对应，见图 4-4，图中 6 个数据点从左至右依次对应表 4-3 中编号 1、2、4、5、6、7 的试件的结果。

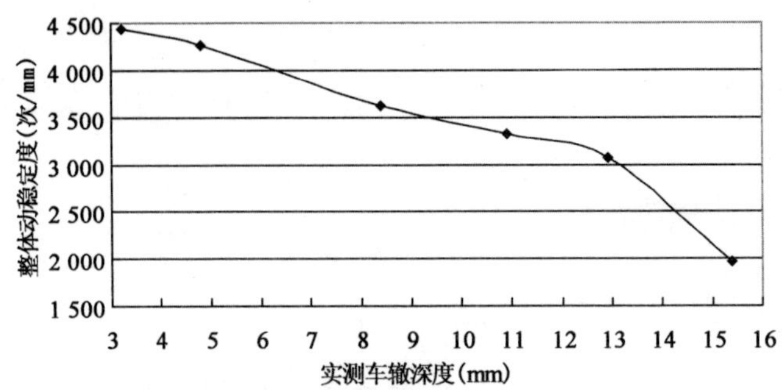

图 4-4 试样动稳定度与取样断面车辙深度(主车道右轮迹处)的关系曲线

由图 4-4 可见:随着车辙深度变大,其对应的沥青面层整体动稳定度逐渐变小,这一方面说明整体动稳定度能够反映沥青面层的抗车辙性能,另一方面也表明沥青路面的抗车辙性能沿道路纵向不是恒定不变的。

考虑到现场取样的纵向跨度不到 4km,可以认为交通量和交通组成及其在主超车道上的分布比例是相同的,即其所受到的荷载和作用次数是相同的;同时,这么短的距离内路面内部的温度场也可以视为相同的。那么同一车道的沥青路面结构沿道路纵向出现抗车辙性能的差异,原因应该在于施工变异性,即不同路段沥青混合料的级配波动比较大。

4.2.2.4 沿道路深度方向的车辙贡献率分析

沥青路面结构沿道路深度方向的抗车辙性能可由面层各层对车辙深度变形的贡献率来表示,作者对从主车道所取试样进行了分层厚度量测。结果见表 4-4。

试样各层厚度变化 表 4-4

车辙深度(mm)	表面层厚度变化(mm)	中面层厚度变化(mm)	下面层厚度变化(mm)
20.5	7.5	12.8	0.2
10.0	3.4	5.1	1.5

沥青面层各层车辙变形贡献率如图 4-5 所示。

由图 4-5 可看出路面车辙变形主要是产生在表面层和中面层,而且中面层车辙贡献率超过表面层。这与路面结构各层的受力情况是一致的,力学计算也发现最大剪应力出现在中面层。由此可见,路面结构抗车辙性能主要体现在表面层和中面层上,中面层的抗车辙性能作用尤为明显,下面层对结构的抗车辙性能影响较小,要提高路面结构的抗车辙性能需要重点强化表面层和中面层的抵抗车辙变形的能力。

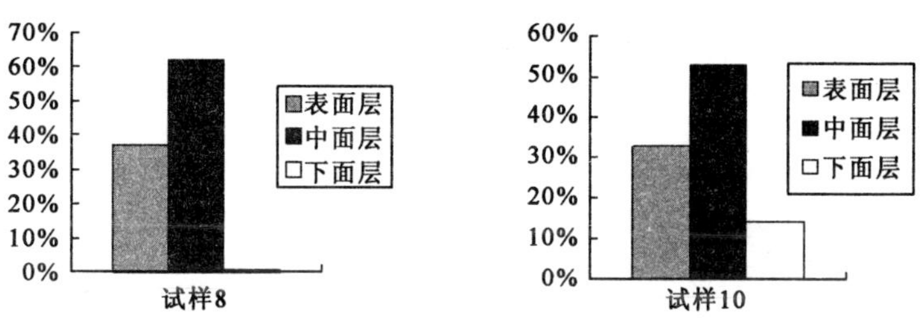

图 4-5　沥青路面各层的车辙变形贡献率

4.2.3　调查路段沥青面层动稳定度控制标准

这里仍然采用动稳定度作为沥青路面结构抗车辙性能的评价指标，通过建立沥青路面承受设计年限末累计当量轴次作用后的车辙深度与沥青面层结构初始动稳定度的关系，将由容许车辙深度[RD]所对应的动稳定度作为沥青路面结构的抗车辙性能标准[DS]。

我国现行规范对沥青路面容许车辙变形的要求是根据道路等级、交通状况提出的，高速公路容许车辙深度为 10～15mm，可以根据设计行驶速度、设计交通量和所在地区的情况对标准进行细化，设计行驶速度大、设计交通、大小合理、服务等级高的平原高速公路，应采用低限值；行车速度慢、交通量较大的山区高速公路可选用高限值；其他等级公路在交叉口处，有交通渠化、车辆行驶速度小、交通量大，容许车辙深度为 25～30mm；非交叉口处容许车辙深度则为 15～20mm。这里将取样路段在设计年限末容许的车辙深度标准定为 15mm。

车辙调查和取样时，该路段已通车约 8 年，上节沥青路面实际调查的车辙深度是通车 8 年内累计交通荷载作用的结果。沥青路面的设计使用年限是 15 年，要得到沥青路面在设计年限末承受累计交通荷载作用后的车辙深度，需根据交通量的发展对沥青路面的车辙变形进行预估。我国现在的沥青路面设计是以路面整体弯沉和结构层层底拉应力作为设计指标，并未将抗车辙性能纳入设计指标之中，设计规范中交通量的轴载等效换算也是基于弯沉和抗裂性能的。但进行车辙预估时当量轴次的计算必须以车辙等效为基础，即沥青路面在不同荷载不同作用次数下达到相同的车辙变形。由于轴载等效换算公式只能解决轴载作用次数的问题，还需要知道轴次一车辙深度之间的关系才能预测路面产生的车辙深度。

这里直接采用前文提到的式(4-1)进行分析，在已知某一当量轴次 $N(t_1)$ 及其实际车辙深度 $R(t_1)$ 的情况下，可以得到任意当量轴次 $N(t)$ 对应的车辙预估深度 $R(t)$ 满足下式：

$$\frac{R(t)}{R(t_1)}=\left[\frac{N(t)}{N(t_1)}\right]^n \tag{4-2}$$

对于半刚性基层沥青路面而言，式中指数 n 取为 0.712。

而 t 年内累计当量轴次的计算公式为：

$$N(t)=\frac{[(1+\gamma)^{t}-1]\times 365}{\gamma}N_{s}\eta \tag{4-3}$$

式中：N_s——经过车辙轴载等效换算后得到的日平均当量轴次；

γ——交通量年平均增长率。

对于同一条高速公路而言，N_s 是固定的。

将式(4-3)代入式(4-2)，可以得到：

$$\frac{R(t)}{R(t_1)}=\left[\frac{(1+\gamma)^{t}-1}{(1+\gamma)^{t_1}-1}\right]^{0.712} \tag{4-4}$$

由式(4-4)可见，不同时刻对应的车辙深度的比值与 N_s 无关，这是因为同一条公路的交通组成和轴载谱是相同的。利用该公式最大的优势在于避开了轴载等效换算，减少了误差累积(一方面轴载等效换算公式多种多样，另一方面交通组成数据很难获取，即使能够获取也不能保证其代表性)。

将 $t_1=8$、$t=15$ 和调研路段交通量年平均增长率 $\gamma=7\%$ 代入式(4-4)，可以计算得到设计年限末期各取样断面的预估车辙深度。计算结果见表 4-5。

车辙深度预估结果 表 4-5

编组号	左轮迹处车辙深度(mm)		右轮迹处车辙深度(mm)	
	8年末实际测试	设计年限末预估值	8年末实际测试	设计年限末预估值
1	2.5	4.7	3.2	6.1
2	4.0	7.6	4.8	9.1
3	7.2	13.6	8.4	15.9
4	9.3	17.6	10.3	19.5
5	11.2	21.2	12.9	24.4
6	10.1	19.1	15.4	29.1

由表 4-5 可见，按照式(4-4)预测后所取样的多数断面的最大车辙深度均超过了规范设定的临界值，将对行车安全构成威胁。

按照总体设想，如果能直接得到车辙临界深度对应的路面结构整体动稳定度，那么就可以将该动稳定度当作控制标准值。这里专门分析了表 4-5 中 6 组试件的实测整体动稳定度与预测车辙深度的关系，结果如图 4-6 所示。图中 6 个数据点从左至右依次对应上表 4-5 中编号 1、2、4、5、6、7 号试件的结果。

对图 4-6 的 6 个数据点进行拟合，得到：

$$\mathrm{DS}=-0.0009\mathrm{RD}^{5}+0.0298\mathrm{RD}^{4}+0.5019\mathrm{RD}^{3}-$$

$$28.57RD^2 + 253.13RD + 3\,801.6 \tag{4-5}$$

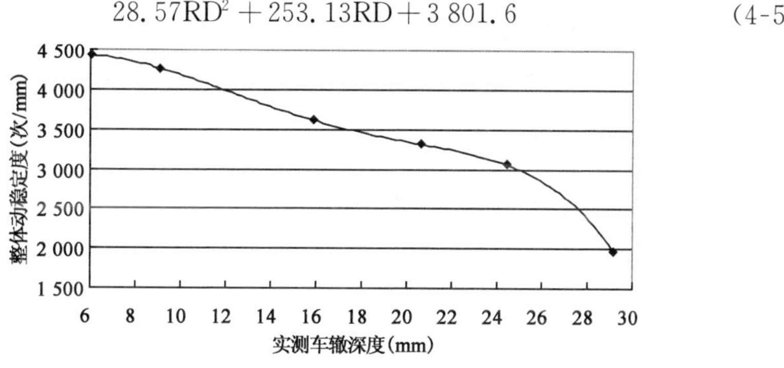

图 4-6 设计年限末期车辙深度(主车道右轮迹处)与整体动稳定度关系

将 RD=15mm 代入上式,可以得到对应的 DS=3 689 次/mm。因此,这里将[DS]=3 689 次/mm 作为调研路段沥青面层结构的整体抗车辙性能控制标准。这意味着,广云高速公路沥青路面整体动稳定度初始值超过 3 689 次/mm 的路段,在通车使用 15 年以后产生的车辙深度不会超过 15mm。

4.3 不同交通量下沥青面层结构动稳定度控制标准确定方法

上节是在未中断交通情况下进行的现场取样,不宜对路面进行大规模破坏性取样,导致试验研究的样本量偏少,也无法研究交通量对动稳定度控制标准的影响。本节将以京港澳高速公路某段改扩建工程(后文简称"改扩建工程")为例,在现场进行大规模的取样,进一步研究不同交通量下沥青面层动稳定度控制标准的确定方法。

京港澳高速公路某段于 1997 年 12 月建成通车,通车时面层结构层为 3 层,通车后 10 年左右沥青路面发生了较为严重的病害,并于 2005～2006 年对全线进行了罩面,加铺了 4cm 的改性沥青 AC-13F。故改扩建前旧路面结构为:4cm 改性沥青 AC-13F+4cmSLH-20+5cmLH-30I+6cmLH-35II+18～20cm 水泥稳定级配碎石+28～35cm 石灰土或二灰砂底基层。到 2009 年末,原有 4 车道路面已经满足不了道路的通行要求,后决定进行改扩建,其中改扩建部分由双向 4 车道改为双向 8 车道。

改扩建前,作者对原有路面进行了现场调查,包括路面车辙状况、交通量以及路面温度场调查,并在现场路肩挖取了全厚式车辙试件,用于室内全厚式车辙试验。

4.3.1 车辙调查与取样

图 4-7 是于 2013 年初对京港澳高速公路某段进行的车辙测量结果。

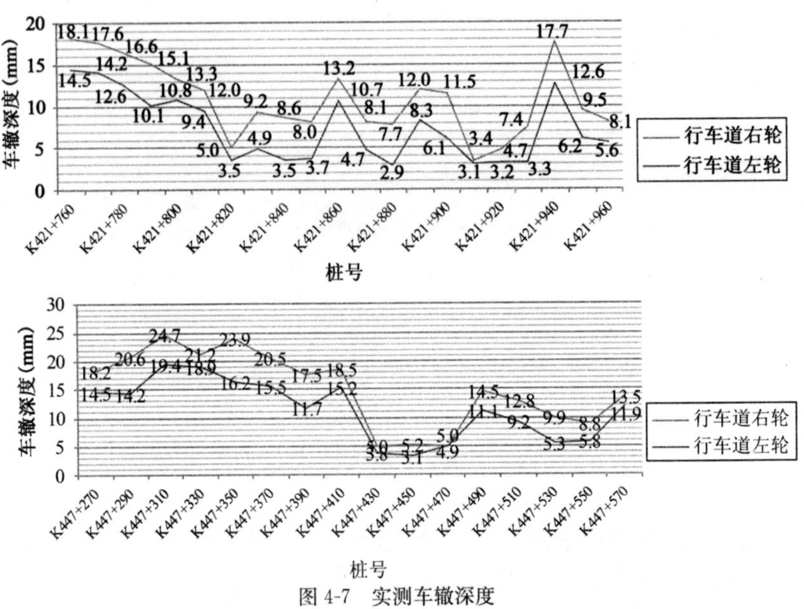

图 4-7 实测车辙深度

从图 4-7 可以清晰地看出，此两段高速公路都已经出现了较为严重的车辙病害，K447＋270～K447＋570 处右轮车辙深度在 5.2～24.7mm 之间，左轮车辙深度在 3.1～19.4mm 之间；K421＋760～K421＋960 处右轮车辙深度在 4.7～18.1mm 之间，左轮车辙深度在 2.9～14.5mm 左右；右轮的车辙深度明显大于左轮，这是由于道路存在横向坡度，车体的重心偏向于道路外侧。

根据研究需要以及道路的实际情况，需要在道路上选取全厚式车辙试件进行室内试验。试验的选取过程中一方面要考虑到选取的试件要有代表性（选取地点开阔、阳光充足，避开桥梁，匝道口以及长纵坡），另一方面也要考虑选取的试件的多样性（考虑不同车辙深度、不同交通量下的影响）。根据前文所做交通量调查，将调查路段按照交通量划分为不同区段。由于高速公路是封闭的，相邻两出入口之间的道路交通量是相同的，故以高速公路相邻出入口作为各区段的端点。作者选取了 5 个区段（分别标记为 1 号，2 号，3 号，4 号，5 号区段），在每个区段上选择多个断面分别挖取全厚式车辙试件，取样位置是车辙深度测试断面的路肩处（距行车道 30cm 左右），这是因为路肩处的沥青混合料密实程度更接近通车初期状态。为了方便运输以及做对比试验，将道路车辙试件尺寸选取

为 70cm×70cm，后期再切割成 4 块 30cm×30cm 大小的试件，用于进行平行试验。取样图片如图 4-8 所示。

a）现场切割中

b）现场切割后

图 4-8 现场取样照片

在试件进行切取前，要对其对应行车道车辙深度进行测量。测量时，要保证取样位置前后 3m 左右无明显变化，确定取样位置与车辙深度测试点在同一横断面，表 4-6 所示为现场取样位置对应行车道车辙深度。车辙试件取样时先用切割机将面层切透，形成回字形，再用撬棍将中间部分需要的试件弄出，标好记号和行车方向，运回试验室做进一步处理。

现场取样位置对应行车道车辙深度（mm） 表 4-6

区　段	车辙深度（mm）
1 号区段	4.3，6.1，7.5，9.1，11.5，13.2，14.5
2 号区段	3.2，4，7.3，9.7，11，12.5，16.8，18
3 号区段	4.1，5.2，8.7，13，17.2，21.5，22.5
4 号区段	3.8，4.2，9.1，12.3，13.1，16.7，17.3
5 号区段	4.9，7.6，8.9，12.1，17.8，20.2，21

由于高速公路面表面存在横坡或超高，会导致轴载偏心，偏载会导致车辆右侧轮组的压力大于左侧轮组的压力，引起行车道上右轮的车辙一般大于左轮的车辙。考虑到左右车轮车辙大小存在差异，表 4-6 实测值均对应行车道右轮迹处车辙深度。

4.3.2 全厚式车辙试验

4.3.2.1 试验条件

车辙试验条件主要包括温度条件、试验荷载和轮碾速度，由于调查路段所在地区为平原，没有长大纵坡，故选择的荷载与轮碾速度均为规范推荐值，分别为 0.7MPa 和 42 次/min。

考虑到全厚式车辙试验的需要，作者在依托工程沥青面层埋设了温度传感器，测试其内部温度实际变化。选择了 K411＋100～K411＋150 处埋设了两处传感器，此处路段开阔，阳光充足，路表面无遮挡物，可以反映路面结构的实际内部温度场。温度传感器布设在面层的层顶、层底以及层位交界处。首先在选定位置处用取芯机取出原道路的面层结构芯样，尺寸为 ϕ150mm×150mm；然后在取出的芯样侧面预埋位置用电钻钻孔，将温度传感器放入孔中后将芯样放回取样处，将缝隙用细料密封。传感器型号为 Pt100 型耐磨耐压铂热电阻，温度测量范围为－50～100℃。图 4-9 为温度传感器埋设现场图。

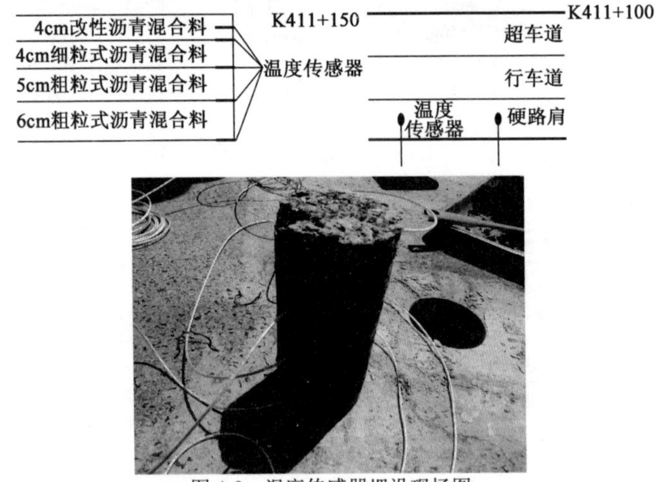

图 4-9　温度传感器埋设现场图

考虑到如用温度传感器实测沥青混合料面层顶部温度时，很难将其埋设在“路表”位置，而如采用其他温度测量设备测量表面层温度又会存在系统误差，故实际测得的“路表”温度为距表面层 2cm 处沥青混合料内部温度。

作者分别于 2013 年 7 月 6 日和 2013 年 7 月 7 日在工程现场测得了其沥青面层内部温度场状况。两天天气均为晴天，气温分别为 26～36℃和 24～36℃，所得路面内部温度数据如图 4-10 所示。

由图 4-10 可以看出，沥青路面内部温度最大值出现在路表处，并且随着垂向深度的增加，其温度逐渐降低。道路路表处的温度较为“敏感”，随着深度的增加，其波动幅度逐渐减小，温度滞后性逐渐增加。路表处温度最大值出现在下午 14：00 左右，而层位每深一层，高温峰值出现时间要推移半个小时左右。这是由于路表直接暴露于大气之中，受太阳辐射、地面辐射以及空气热传导的直接作用，其与外界的交互性最强。通过以上温度数据，可以看出，同一天测得两块试件平行数据相差不大。

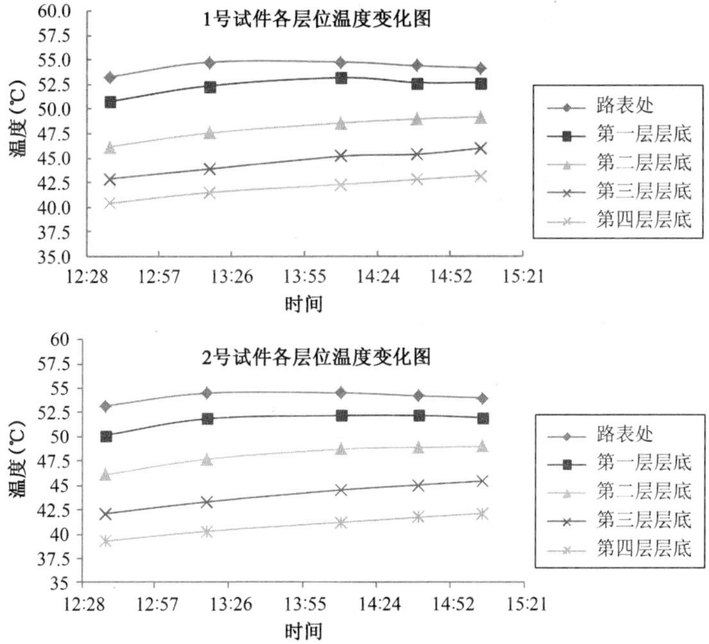

a) 7月6日路面内部温度

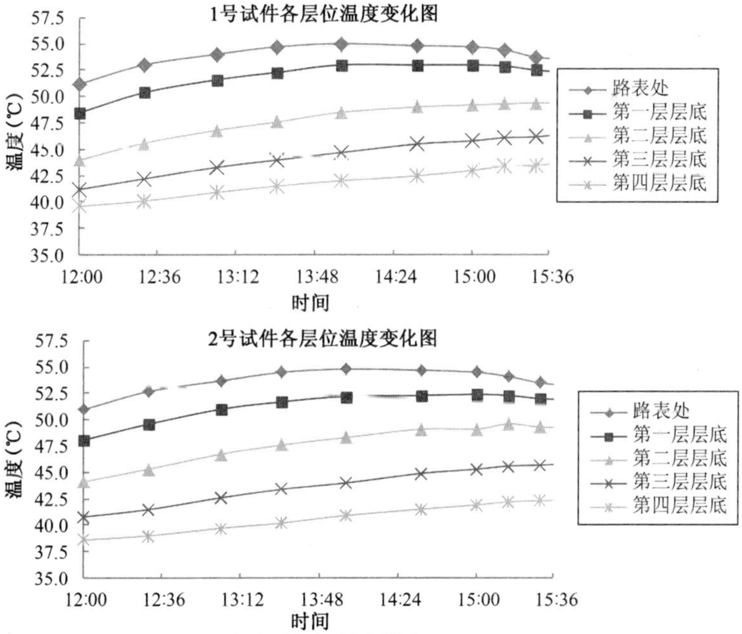

b) 7月7日路面内部温度

图 4-10 实测路面温度场

图 4-11　沥青混合料钻孔图

根据上述实测温度场，考虑到测试当天气温并不是极端气温，再结合相关理论计算结果，这里确定全厚式车辙试件表面温度为60℃，底面控制温度为45℃。

在试验开始前，将试件装入全厚式试模，并在试件与试模之间放入隔热板，隔绝试样四周与周围环境的热传导，这样试件只能通过顶面和底面进行热传递形成温度梯度。为了确保试件内部温度达到预期温度，首先将试件侧面层位处用电钻钻孔（如图 4-11 所示），然后在试件内部埋设温度传感器，监测试件内部温度状况。

现场切取试件由 4 层构成，钻孔位置选取在层位交接处。钻孔时考虑到温度传感器的直径在 5mm 左右，因此选择直径为 5mm 的钻头，这样能够保证传感器与沥青混合料贴合紧密，中间不留空隙。打好孔后将温度传感器放入试件内部，最后将线在试件上方引出，将试件四周放好隔温板，放入试模中保温，保温过程中就可以通过温度传感器监测试件内部的温度。实测后发现，试件在保温后 8～10h 后，内部温度符合预设条件。

4.3.2.2　试验结果

在设定的试验条件下，利用上一章提到的改进型车辙试验机，对现场所取试件进行了全厚式车辙试验，平行试验试件数量为 4 块，由现场取样的同一个试件切割而成。在数据处理时，采用传统的试验数据处理方法，去除变异系数大于20％的数据，对其余数据取平均值。

并且以主车道车辙深度为横坐标，以试验所得结构动稳定度为纵坐标，其曲线图如图 4-12 所示。

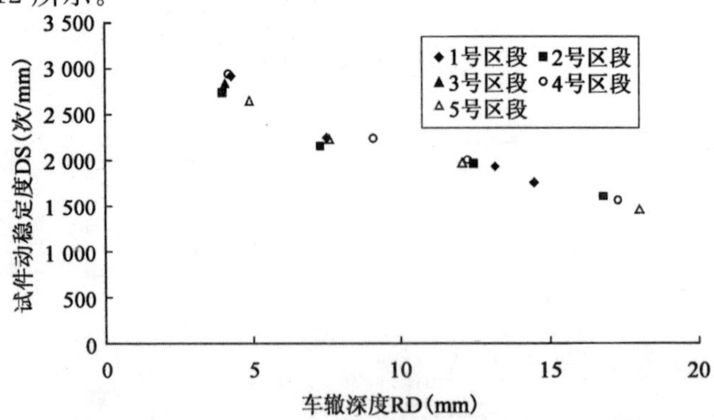

图 4-12　现场试样的动稳定度与其取样断面主车道车辙深度

由图 4-12 可见：

(1)同一区段主车道内的车辙深度增加时，其对应路肩沥青面层的整体动稳定度随之变小。这表明了沥青路面沿道路纵向的抗车辙性能不是一成不变的，而同一区段内交通量以及交通组成相同，道路结构和其内部温度场也相同，道路纵向动稳定度的变化应是施工过程中沥青混合料级配波动导致的；而且，若以路肩沥青面层的整体动稳定度代表主车道沥青面层的初始抗车辙性能，则说明路面初始抗车辙性能越弱，车辙发展越快，这与人们的常规认识一致。

(2)不同区段内大致相同的初始动稳定度对应主车道车辙深度不同，甚至区别比较大，这反映出交通量对路面车辙的影响不容忽视。

4.3.2.3 车辙引起的混合料材料组成变化

为了研究车辙引起的材料组成变化，作者在依托工程的同一个横断面上不同部位进行了现场取样，其中在主车道的车辙深度分别为 7～14mm、14～17mm、21～28mm 的地方各取了 4 个试样，在超车道的 0～7mm 的车辙深度处取了 4 个试样。所取试样包含 4 层，即 4cm 改性 AC-13F＋4cm 细粒式＋5cm 粗粒式＋6cm 粗粒式沥青混凝土，先对所取试样进行分层，然后对每层沥青混合料进行燃烧法试验，最后进行筛分，分析集料级配在车辙作用下的变化情况。测试得到每层沥青混合料的筛分曲线图如 4-13 所示。

由图 4-13 可见，产生车辙的部分，其混合料的细集料逐渐减小，罩面层 0.075～1.18mm筛孔尺寸范围的细集料增多，粗集料变化不明显，上面层 4.75～13.2mm的粗集料逐渐增多，1.18～4.75mm 的细集料逐渐减小，这说明在车辆荷载的反复作用下，产生车辙的沥青路面混合料中的集料发生了侧向流动，而在加铺罩面层之后，原上面层就承担了中面层的作用，对沥青路面抗车辙能力起主要作用，其集料流动变化比较明显；中下面层集料流动变化并不明显，这说明该深度下的车辙对原路面中下面层的影响并不是很大，而 4.75～16mm 档的集料的变化可能由于施工中摊铺不均匀所致。

4.3.3 交通量对沥青路面动稳定度控制标准的影响

本节的研究思路是：通过全厚式车辙试验数据，建立 5 个区段在相应累计当量轴次下的道路实际车辙深度与沥青路面结构整体动稳定度之间的关系；然后将容许车辙深度[RD]所对应的动稳定度$[DS]_1$、$[DS]_2$……$[DS]_5$ 作为各区段累计当量轴次下的动稳定度控制标准；最后，对各区段的动稳定度控制标准随其对应的累计当量轴次的变化曲线进行拟合和分析。

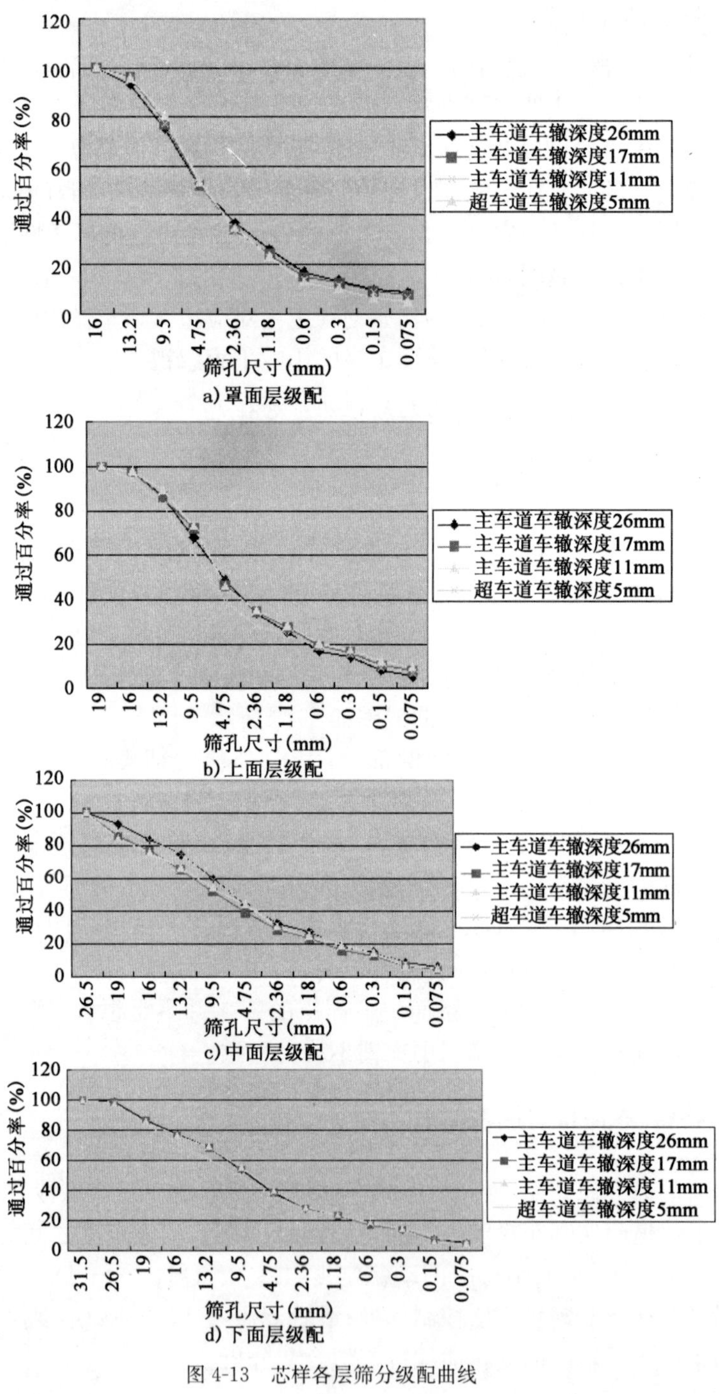

图 4-13　芯样各层筛分级配曲线

4.3.3.1　各区段容许车辙深度对应的沥青面层动稳定度

由于在现场很难直接选取到主车道车辙深度为 15mm 的横断面，也就是说不能直接得到每个区段的动稳定度控制标准值。下面通过分析试验获得的（DS，RD）数据，寻找 DS 随 RD 的变化规律，然后再对试验数据进行拟合，得到 DS＝f(RD)的函数，具体见图 4-14，其中图 4-14e）为利用所有试验数据进行的拟合，代表的意义是不考虑各区段交通量差别情况下的动稳定度随车辙深度的变化趋势。

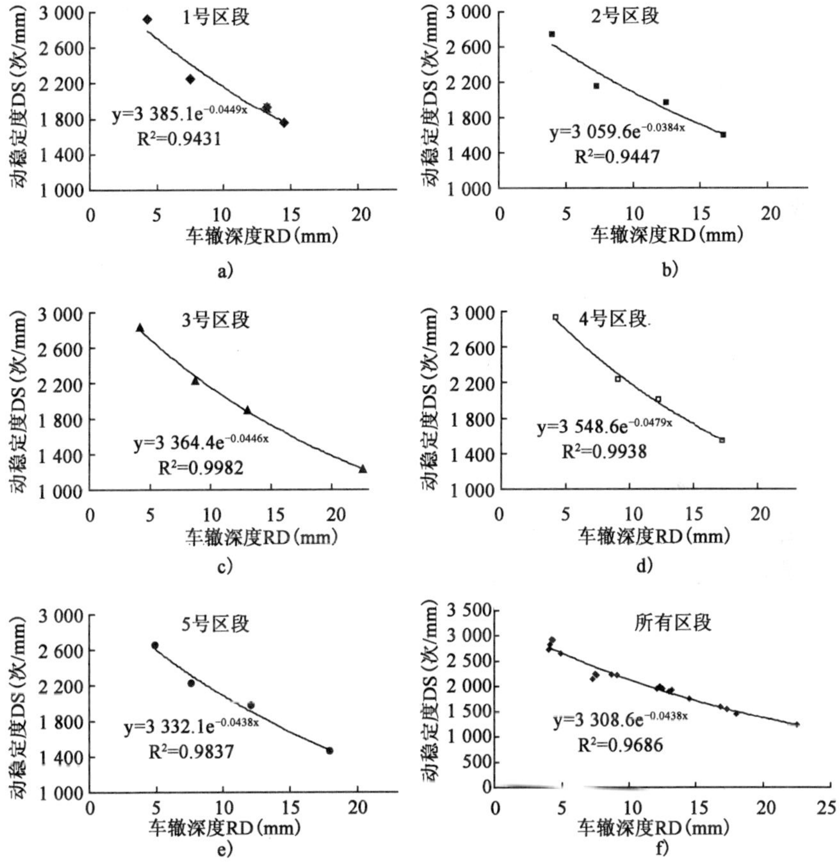

图 4-14　各区段所取试样的动稳定度随车辙深度的变化规律

将 15mm 作为 x 值代入图 4-14 中的各拟合公式，计算得到 15mm 车辙深度对应的动稳定度，可以将其视为该区段交通量下的动稳定度控制标准值，计算结果见表 4-7 中的第 2 行。

适应各区段已通行交通量的动稳定度控制标准值(mm)　　表 4-7

区　段	1 号区段	2 号区段	3 号区段	4 号区段	5 号区段
未考虑老化影响所得结果	1 726	1 720	1 723	1 730	1 676
考虑老化影响后所得结果	1 985	1 978	1 982	1 989	1 927

考虑到依托工程 1998 年开始通车运营，当时的 4cm 厚表面层经受阳光照射而逐渐老化；2005 年经加铺一层后，原表面层被覆盖而停止老化，但新加铺的 4cm 厚表面层则开始老化，直至改扩建工程启动。因此，从现场取回的全厚式试件的上两层都经过了 7～8 年的日照老化。根据相关文献的试验结果，沥青混合料经紫外光照射后的动稳定度下降幅度约为 20％，故认为可以将现场取样的上两层沥青混合料的动稳定度提高 20％以消除老化带来的影响。但是，层位沥青混合料的动稳定度并不是多层式试件整体的动稳定度，根据作者的研究结果，上面层动稳定度增加 20％时，试件整体动稳定度约增加 15％。因此，若考虑阳光照射老化对试件动稳定度的影响，可以将现场取样试件的整体动稳定度试验结果提高 15％。对图 4-14 中各动稳定度原始数据均增大 15％后进行拟合，然后计算出的 15mm 车辙深度对应的动稳定度，结果见表 4-7 中第 3 行。

由表 4-7 可见：各区段满足已通行交通量要求的动稳定度控制标准值比较接近，在气候条件和路面结构相同的情况下，各区段的动稳定度控制标准值之间的差别体现的实际上就是交通量的影响。

4.3.3.2　各区段已通行的累计当量轴次

京港澳高速公路某段自建成通车以来，交通量增长十分迅速，2002～2006 年年均增长率达到 11.4％，到 2006 年年底，断面交通量已经达到 22 400～33 304pcu/d，平均达 27 427pcu/d。根据调查资料，将 K319＋700～K421＋980 段加权平均预测交通量，全线特征年路段交通量预测结果如表 4-8 所示。

特征年路段交通量预测结果(puc/d)　　表 4-8

路　段	2013 年	2020 年	2030 年	2032 年
K319＋700～K395＋000	39 929	58 360	95 614	108 210
K395＋000～K421＋980	35 868	51 683	85 062	99 307

根据调查资料，该路段运营期间特征年车型比例如表 4-9 所示。

特征年车型比例(%)　　表 4-9

车型＼年份	2006	2010	2013	2020	2025	2030	2032
小型货车	3.57	3.28	2.99	2.51	2.22	1.97	1.88
中型货车	8.93	7.87	7.01	5.54	4.67	3.95	3.71
大型货车	26.41	26.55	26.66	27.08	27.27	27.58	27.71
小型客车	43.78	45.43	46.76	49.07	50.04	50.92	51.20
大型客车	4.90	4.43	4.12	3.50	3.11	2.79	2.66
拖挂车	12.40	12.44	12.47	12.63	12.68	12.79	12.84

该路段通行车辆还有如下特点:①小型客车所占比重大,并且逐年增加,远景年比重占到50%左右;②货车中,中型、大型货车以及拖挂车的比重比较大,中型货车远景年比重略有下降,而大型货车以及拖挂车的数量则逐年增加。

为得到不同交通量下的动稳定度控制标准,还需要将不同车辆的通行次数转化成标准轴载通行次数,即需要进行轴载等效换算,并计算出累计当量轴次。

在进行当量轴次计算时,采用 AASHTO 提出的基于车辙的轴载等效换算公式,即$\frac{N_s}{N_i}=\left(\frac{p_i}{p_s}\right)^n$,式中 n 取值 4,p_s、N_s 为标准轴载及其轴次,p_i,N_i 为某一级轴载及其轴次。

根据收集到的 2006～2012 年每个月的交通量数据,计算得到了各个区段近 7 年的各类车累计通行次数。计算时为表 4-9 中各类车选取了代表车型,一、二、三、四、五、六类车的代表车型分别是红旗 CA630、会客 JT692A、北京 BJ130、东风 EQ144、太脱拉 81553 和五十铃 EXR181,其基本参数见表 4-10。对 5 个区段的各类车通行次数,进行轴载等效换算,计算得出了 2007～2012 年的累计当量轴次 N_{eri},结果见表 4-11。

石安高速公路代表车型构成表　　表 4-10

车型	代表车型	前轴重(kN)	后轴重(kN)	后轴轴数	后轴轮组数	后轴距
小型客车	红旗 CA630	19.3	27.9	1	双轮组	
大型客车	会客 JT692A	28.4	67.7	2	双轮组	>3m
小型货车	北京 BJ130	13.55	27.2	1	双轮组	—
中型货车	东风 EQ144	25.7	70.1	2	双轮组	—
大型货车	大脱拉 81553	62.0	102.0	2	双轮组	—
拖挂车	五十铃 EXR181	60.0	100.0	3	双轮组	>3m

2006～2012 年各取样路段累计当量轴次 表 4-11

1 号区段	2 号区段	3 号区段	4 号区段	5 号区段
25 210 606	25 233 558	25 249 291	25 296 238	24 610 670

4.3.3.3 不同当量轴次下的动稳定度控制标准

表 4-7 中各个区段的动稳定度数据和表 4-11 中各个区段的当量轴次数据综合起来，列于图 4-15。图中各点为试验和计算数据，实线为拟合趋势线。

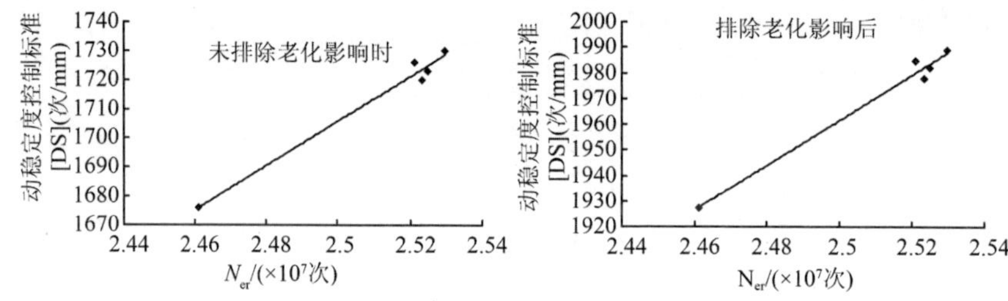

图 4-15 动稳定度控制标准随当量轴次的变化规律

对图 4-15 中的（$[DS]_i$，N_{eri}）数据进行拟合，可以得到[DS]随 N_{er} 的变化规律式为：

未考虑老化影响时

$$[DS]=554.20387e^{0.44967\times10^{-7}N_{er}} \tag{4-6}$$

考虑老化影响后

$$[DS]=637.74838e^{0.44941\times10^{-7}N_{er}} \tag{4-7}$$

在路面结构设计阶段可以利用$[DS]_i \sim N_{eri}$之间的关系式，根据设计的累计当量轴次计算出动稳定度控制标准值，那么所设计的沥青路面结构的整体动稳定度如果能够超过该控制标准值，则理论上可以保证在设计年限内所设计沥青路面不会出现超过 15mm 深的车辙病害。

需要说明的是，上述拟合公式是以 5 个不同区段的交通量不同为前提的。但从表 4-11 可以看出，5 个区段的累计当量轴次比较接近，那么以此为基础得到的拟合公式的外延性将受到很大影响。所以，本文的这类数值结果不便于推广应用，但是这种得到$[DS]_i \sim N_{eri}$之间关系式的方法是本文所要重点推荐的内容。

第 5 章　考虑抗车辙性能的沥青面层结构组合比选方法

按照第 3 章提出的沥青面层结构抗车辙性能评价方法，需要对比 DS_w 和 $[DS]_w$ 来评价沥青面层是否满足抗车辙性能要求，其中 DS_w 为利用前文改进型车辙试验机测试得到的沥青面层整体动稳定度，$[DS]_w$ 为预先设定的整体动稳定度控制标准进行对比。由第 4 章的介绍可知，整体动稳定度控制标准的确定工作量非常大，短时间内很难提出行业内公认的推荐值，但针对具体工程还是可以按照第 4 章的方法推荐适用于该公路路段大修或改扩建工程的标准值的。由第 3 章的介绍可知，对我国目前广泛使用的车辙试验机进行简单改装后就可以用于测试多层组合试件的动稳定度。本章将以多个工程实例来介绍对沥青面层不同结构组合方案的抗车辙性能进行测试比选的方法，即利用改进的车辙试验机直接测试各种结构组合方案的动稳定度，能够直观判断各种方案抗车辙性能的好坏，如果预先设定了动稳定度控制标准，则更方便指导沥青面层结构组合设计。

5.1　比选方法

目前我国对沥青混合料抗车辙性能的控制有两个环节，一是室内测试沥青混合料的抗车辙性能，得到动稳定度测试值 DS；二是确定动稳定度控制标准，记为[DS]。所谓抗车辙性能控制就是要求 DS≥[DS]。

这里提出类似的沥青面层结构抗车辙性能比选方法，并以该方法为基础来指导沥青面层结构组合的优选。

具体步骤如下：

(1)预先设定沥青面层结构动稳定度控制标准值$[DS]_w$。

(2)根据经验拟定多个沥青面层结构组合方案，包括厚度组合和材料组合。

(3)按照第 3 章的方法对拟定的各个组合结构开展全厚式沥青面层车辙试验，试验条件需要通过分析待设计道路的实际条件来确定，包括交通组成(轴载）、道路线形（纵坡长度坡度影响汽车行驶速度）、路面温度场等。

（4）将全厚式车辙试验结果（即各个组合结构的整体动稳定度测试值 DS_w）与已经确定的动稳定度控制标准 $[DS]_w$ 进行对比，将满足 $DS_w \geqslant [DS]_w$ 的组合结构列为备选方案。

（5）对上述备选方案，进行其他力学性能（如抗裂性能）和经济性比较，优选出技术性和经济性俱佳的组合结构。

我国目前的沥青路面结构设计方法尚没有考虑结构的抗车辙性能，如果在完成多个沥青面层组合拟订方案的弯沉和层底拉应力验算后，再施行上述步骤，对这些结构的抗车辙性能进行比选，那么最终确定的沥青路面结构组合方案将兼具有抗裂和抗车辙能力，将是对目前沥青路面结构设计方法的一大完善。

上述方法实际上是一种检验方法，即需要通过试验手段来评价沥青面层结构的抗车辙性能，如果发现达不到抗车辙性能要求，则调整结构组合。这就类似于我国规范在沥青混合料材料组成环节规定要检验沥青混合料的抗车辙性能，高温稳定性达不到要求的要调整沥青混合料级配组成。这两个环节都需要检验抗车辙性能，是否会造成矛盾和冲突，是否需要二者只留其一目前尚不得而知。本书第 6 章将探讨实现沥青面层结构抗车辙性能和沥青混合料抗车辙性能统一性的抗车辙性能设计方法。

5.2 考虑抗车辙性能的长大纵坡路段沥青路面结构比选实例

本节将以雅泸高速公路某段和恩黔高速公路某段为例，从抗车辙性能的角度介绍长大上坡路段沥青面层结构方案比选方法。

5.2.1 雅泸高速公路长上坡路段沥青面层结构组合方案比选

5.2.1.1 全厚式车辙试验条件

雅泸高速公路 K120＋630～K172＋340 为连续近 52km 的上坡，该线区内年平均气温 17.10℃，最热平均月 24.7℃，最冷月平均 8℃，年降水量平均 778.3m。根据沥青路面使用性能气候分区为夏热冬温湿润区。该超长连续上坡路段原设计路面面层结构为 4cmSMA13＋5cm 改性沥青 AC-20C＋6cmAC-20C。

本节将采用第 3 章提出的沥青面层结构车辙试验方法（也称全厚式车辙试验方法），对不同的沥青面层结构组合方案开展车辙试验，首先必须解决的就是

车辙试验条件如何确定。考虑到雅泸高速公路超长连续上坡路段的特殊情况，在开展沥青面层全厚式车辙试验时的试验条件不能再采用现行规范中沥青混合料的标准车辙试验条件，应该尽可能地模拟该路段的气温和交通条件，确定沥青面层全厚式车辙试验的试验条件。

我国规范推荐了沥青混合料标准的车辙试验方法，也设置了抗车辙的动稳定度评价标准。但本节所分析的是连续 52km 的上坡路段，温度、荷载、速度等都与普通路段有很大区别，需要分段分析其车辙试验条件。

考虑到高程分段的均匀性，以及上坡方向沿线休息区的设置，确定了 3 个分段，对应的起止桩号分别为 K120＋630～K132＋500、K132＋500～K150＋235、K150＋235～K172＋340(其中 K121＋000、K132＋500 和 K150＋235 对应休息区)，对应的高程范围分别是 920～1 320m、1 320～1 830m、1 830～2 350m。第一段内最大纵坡 3.16％，第二段内有约 15km 长的 3.49％纵坡，第三段内最大纵坡 3.7％。

下面通过分析分别确定上述 3 个路段的车辙试验条件。

(1)温度。经分析该路段所在地气温状况，发现其最热月的最高气温都在 35℃以下，按照相关文献实测的结果，35℃气温对应的路面温度约为 55℃。如果按照规范应选取试验温度为 60℃，这明显偏于安全，不经济。

同时本项目依托路段还兼有高原气候特点，高差很大(坡脚高程为 920m，坡顶高程为 2 350m)，根据气象原理，海拔每升高 100m，温度下降 0.6℃，那么坡顶与坡脚温度相差约为 9℃。此时，要选择一个统一温度来代表这 52km 上坡路段的温度状况将是非常困难的。

前面已经将这连续 52km 上坡路段按高程分成 3 段，这样每段温差减小，各段试验温度的选取也就比较合理了，同时也有利于对各段开展有针对性的结构组合设计。根据上述分析，这里将这三段的车辙试验温度选取为 55℃、52℃和 49℃。

(2)荷载。考虑到右幅上坡左幅下坡，而且单幅有上坡必有下坡的情况，再从行车安全的角度考虑，超长连续纵坡路段需要对通行车辆限载。在经过专门的限载研究后，这里选取限载上限 1.1MPa 作为车辙试验条件，即上述 3 个分段都采用这个荷载条件。

(3)加载速度。山区高速公路产生车辙的主要原因之一是长大纵坡导致了车辆低速行驶，荷载作用时间延长，特别是重载汽车，行驶速度更低，车辙病害更严重。前面已经分析确定了荷载采用 1.1MPa，对应重载交通，那么就不得不考虑低速行驶对车辙的影响了。

本书第1章对京港澳高速公路某段长达13km连续上坡载重货车的行驶速度调查结果显示，到达坡顶时平均约为41km/h，大约为设计车速的一半。参考这个调查数据，这里将本小节依托工程第一分段的沥青面层结构车辙试验的轮碾压速度设置为标准速度(按规范规定为42次/min)的一半，取20次/min。考虑到第二、第三分段起点处都有休息区，故将汽车在第二、三分段起点的速度视为与第一分段起点速度相同，而第二分段坡度比第一分段大，坡长也比第一分段长，故将第二分段对应的车辙试验速度取为14次/min；第三分段平均坡度最大，故也将第三分段对应的车辙试验速度取为14次/min。

(4)试件厚度。标准车辙试验条件中试件厚度为5cm，但这个厚度仅适用于单层沥青混合料，无法反映沥青面层组合结构(对应全厚式车辙试件)抗车辙性能的好坏。国内外多层车辙的研究结果表明，全厚度车辙试验测得的结果比的标准车辙试验更能充分模拟沥青路面实际情况，与实际路面车辙有极好的相关性，试验结果更加真实可信。因此，本章车辙试验采用全厚式车辙试件。

5.2.1.2　沥青面层结构组合方案的拟定

在进行路面结构组合优化时，需要预先拟定多种沥青面层结构。如同沥青路面结构抗裂设计方法一样，在拟定路面结构时需要有一定的指导原则，否则会处于无序状态，工作量也会大大增加。作者在总结前面章节抗车辙性能研究的基础上，从抗车辙性能的角度提出了如下的沥青面层结构组合原则：

(1)道路交通重载比例大的公路，大纵坡和长上坡的路段，需要加强沥青面层整体的抗车辙性能，需要适当选择抗车辙性能强的沥青混合料组合成面层结构。

(2)对于寒区公路，如果重载车辆比例不大，则可以适当降低沥青面层的抗车辙性能，不需要选择高抗车辙性能的材料组合成面层结构；但是，如果重载车辆比较多，则仍然需要适当选择抗车辙性能强的沥青混合料组合成面层结构。

(3)中面层对沥青面层结构整体抗车辙性能的影响最大，表面层次之，下面层最小；如果要加强沥青面层结构整体的抗车辙性能，则应该首选对中面层沥青混合料进行加强。

(4)降低表面层抗车辙性能同时提高中面层抗车辙性能，这种方法能够改善沥青面层整体抗车辙性能，甚至比单纯改善表面层的效果还要好。

(5)降低表面层抗车辙性能同时提高下面层抗车辙性能，这种方法很难达到改善面层整体抗车辙性能的目的。

盖路段沥青面层原设计结构为4cm改性沥青SMA-13＋5cm改性沥青AC-20＋6cmA级70号沥青。为便于施工，将以这种面层结构为基础，只改变中面层沥青混合料类型，通过在普通沥青 AC20 混合料中添加不同剂量的抗车辙剂来形成不同的面层组合，以满足不同路段的抗车辙要求。考虑到随着高程的增大，气温越来越低，拟定方案中也包括中面层沥青混合料的结合料由改性沥青减弱为 A 级 70 号沥青的方案。

按照上述组合原则，拟定了 5 种沥青面层结构方案（含原设计方案），见表 5-1，表中每种方案的厚度组合均为从上往下 4cm＋5cm＋6cm。

5.2.1.3　基于整体抗车辙性能的面层结构组合比选

对拟定的沥青面层结构组合方案，按照前面拟定的车辙试验条件开展了全厚式车辙试验，试验结果见表 5-1。表中存在相同的沥青面层结构组合方案在不同试验条件下的试验结果，这是考虑到在 3 个分段需要分别进行方案比选的需要而设定的。

沥青面层不同结构组合方案的车辙试验结果　　表 5-1

面层结构	温度(℃)	速度(次/min)	荷载(MPa)	DS(次/mm)
SMA-13＋3‰抗车辙剂 AC-20＋AC-20	55	20	1.1	5 753
SMA-13＋2‰抗车辙剂 AC-20＋AC-20	55	20	1.1	3 425
SMA-13＋1‰抗车辙剂 AC-20＋AC-20	55	20	1.1	2 993
SMA-13＋SBS 改性沥青 AC-20＋AC-20	55	20	1.1	6 473
SMA-13＋A 级 70 号沥青 AC-20＋AC-20	55	20	1.1	1 860
SMA-13＋1‰抗车辙剂 AC-20＋AC-20	52	14	1.1	3 501
SMA-13＋A 级 70 号沥青 AC-20＋AC-20	49	14	1.1	3 256

由表 5-1 可见：与中面层 A 级 70 号沥青 AC-20 相比，中面层采用改性沥青或添加抗车辙剂以后，沥青面层的整体动稳定度都提高了；采用不同剂量的抗车辙剂可以实现对沥青面层整体抗车辙性能的微调，比改性沥青更能适应超长连续上坡的需要；试验速度对沥青面层整体抗车辙性能的影响很大。

除了进行沥青面层整体抗车辙性能的直观比较外，从设计的角度更加关心的是这些结构能否抵抗车辙，这就需要设定整体动稳定度控制标准来进行优选。这里根据对第 1 章调查过的京港澳高速公路某段连续上坡路段沥青面层抗车辙性能分析的结果，设定本工程案例沥青面层结构抗车辙评价标准为 3 000 次/mm，即全厚式试件的整体动稳定度测试值应该超过 3 000 次/mm。

根据上述提出的沥青面层结构整体的车辙评价标准，在表 5-1 中选取大于该标准值，并且相对比较接近评价值（同时也比较经济）的面层结构组合作为推荐方案，同时考虑到抗车辙剂添加比例太少的话施工时不容易控制添加精度，可以考虑沥青面层结构比选结果如下：

高程 920～1 320m：推荐使用 SMA-13＋3‰车辙王 AC-20＋AC-20；

高程 1 320～1 830m：推荐使用 SMA-13＋2‰车辙王 AC-20＋AC-20；

高程 1 830～2 350m：推荐使用 SMA-13＋A 级 70 号沥青 AC-20＋AC-20。

最终的最佳方案还需要通过沥青路面设计程序，综合考虑弯沉和抗裂性能等确定。

5.2.2 恩黔高速公路长上坡路段沥青面层结构组合方案比选

5.2.2.1 沥青面层结构组合方案的拟订

恩黔高速公路位于鄂西地区，该地区已经通车运营多年的高速公路有沪蓉西高速公路，经调查该高速公路某段存在连续 13km 和连续 20km 的纵坡，而且出现了一定程度的车辙病害。该路段采用的路面面层结构为：

正常路段和长下坡路基路段：5cm 厚 SMA-16(改性沥青)＋6cm 厚 AC-20C(改性沥青)＋7cm 厚 AC-25C(道路沥青 70 号)

长上坡路基路段：5cm 厚 SMA-16(改性沥青)＋6cm 厚 AC-20C(改性沥青、掺 2.25‰聚酯纤维)＋7cm 厚 AC-25C(RS-4 改性岩沥青)

长上坡桥面铺装：5cm 厚 SMA-16(改性沥青)＋6cm 厚 AC-20C(改性沥青、掺聚酯纤维)

下坡桥面铺装和隧道面层：5cm SMA-16(改性沥青)＋6cm AC-20C(改性沥青)

恩黔高速公路连续长纵坡长为 12.856km，与沪蓉西高速公路某段连续纵坡长度相当；这两个路段所处的地理位置相近，气候相同。本节将以对沪蓉西高速公路某段连续纵坡的抗车辙性能分析为基础，拟订多种沥青面层结构组合方案，以及推荐抗车辙性能评价标准。

调查结果表明，沪蓉西高速公路长大上坡的桥面铺装车辙病害稍重，路基段路面车辙病害稍轻，这两种路面面层的组合结构都可以作为恩黔高速公路长大上坡路面抗车辙性能的参考标准。前文的研究发现长上坡容易出现车辙的主要原因在于载货汽车爬坡速度慢，而上坡长度超过一定限度后货车上坡速度变化不大。为此，这里将这两种路面面层的组合结构作为拟定结构，后文分别称为“桥面铺装参考结构”和“路基段沥青面层参考结构”。

恩黔高速公路长上坡原路面面层结构已经有设计方案，这里也将其作为拟定结构以便进行对比，分别是路基段 4cm 改性沥青 AC13(石英砂岩)＋6cmAC-

20C(改性沥青、掺0.225%聚酯纤维)+8cm厚改性沥青AC-25C,桥面铺装4cm改性沥青AC13(石英砂岩)+6cmAC-20C(改性沥青、掺0.225%聚酯纤维),后文分别称为“恩黔路基段沥青面层原设计结构”和“恩黔桥面铺装原设计结构”。

为论证能否将石英砂岩用于恩黔高速公路长大上坡,将在前述几种沥青面层组合结构的基础上,从以下几个方面进行调整:

(1)考虑到将沪蓉西长大纵坡路段使用的表面层粗集料由辉绿岩换成石英砂岩后,石料性质肯定是下降了,也将影响沥青混合料的抗车辙性能;为维持大致平衡,考虑在恩黔设计结构的基础上将表面层换成SMA混合料。SMA有SMA13和SMA16两种选择,表5-2中英砂岩SMA的试验结果是SMA13的动稳定度高于SMA16;再考虑到恩黔高速公路长大上坡原设计方案的表面层厚度只有4cm,不适合施工SMA16。为此这里将4cm SMA13(石英砂岩,掺3‰木质素纤维)+6cm AC-20C(改性沥青、掺2.25‰聚酯纤维)+8cm改性沥青AC-25C作为路基段沥青面层拟定组合结构(后文称为“路基段1号拟定结构”),将桥面铺装4cm SMA13(石英砂岩,掺3‰木质素纤维)+6cmAC-20C(改性沥青、掺2.25‰聚酯纤维)作为桥面铺装拟定组合结构(后文称为“桥面铺装1号拟定结构”)。

(2)考虑到“路基段1号拟定结构”上下面层混合料的动稳定度仍然比“路基段沥青面层参考结构”上下面层混合料小,这里再将“路基段1号拟定结构”的中面层加强,将其换成AC-20C(改性沥青、掺3‰抗车辙剂)(后文将该调整后的组合结构称为“路基段2号拟定结构”);考虑到抗车辙剂对沥青混合料性能的改善不如聚酯纤维的作用全面,将“路基段1号拟定结构”的中面层换成AC-20C(改性沥青、掺3‰聚酯纤维)(后文将该调整后的组合结构称为“路基段3号拟定结构”)。对应的,将“路基段3号拟定结构”的上中面层作为桥面铺装拟定结构(后文称为“桥面铺装2号拟定结构”)。

(3)对于桥面铺装,还可以考虑将其设置成倒装结构,即混合料的公称最大粒径上层大下层小,如SMA16+SMA13(后文称为“桥面铺装3号拟定结构”)。因为下面层的车辙贡献率大于上面层,SMA13能更好地发挥作用,而且SMA13的粒径比前面所有桥面铺装下面层的公称最大粒径都小,有利于增强与防水黏结层的结合;而且SMA混合料的公称最大粒径越大,其抗剪强度越强,有利于抵抗推移,而桥面铺装在水平力作用下产生的最大剪应力大约出现在上面层。

以上所述所有组合结构列于表5-2中。

沥青面层不同组合结构及其整体抗车辙性能　　表 5-2

结构代号	结构层材料和厚度组合	整体 DS(次/mm)
路基段沥青面层参考结构(沪蓉西长上坡)	5cm 改性沥青 SMA-16(辉绿岩)+6cmAC-20C(改性沥青、掺 2.25‰聚酯纤维)+7cmAC-25C(RS-1 改性岩沥青)	5 234
恩黔长上坡路基段沥青面层原设计结构	4cm 改性沥青 AC13(石英砂岩)+6cmAC-20C(改性沥青、掺 2.25‰聚酯纤维)+8cm 改性沥青 AC-25C	4 672
恩黔长上坡路基段 1 号拟定结构	4cm 改性沥青 SMA13(石英砂岩)+6cmAC-20C(改性沥青、掺 2.25‰聚酯纤维)+8cm 改性沥青 AC-25C	5 073
恩黔长上坡路基段 2 号拟定结构	4cm 改性沥青 SMA13(石英砂岩)+6cmAC-20C(改性沥青、掺 3‰抗车辙剂)+8cm 改性沥青 AC-25C	6 167
恩黔长上坡路基段 3 号拟定结构	4cm 改性沥青 SMA13(石英砂岩)+6cmAC-20C(改性沥青、掺 3‰聚酯纤维)+8cm 改性沥青 AC-25C	5 286
恩黔长上坡路基段 4 号拟定结构	4cm 改性沥青 SMA13(石英砂岩)+6cmAC-20C(改性沥青、掺 2.25‰聚酯纤维)+8cm 改性沥青 AC-20C	5 298
桥面铺装参考结构(沪蓉西长上坡桥面铺装)	5cm 改性沥青 SMA-16(辉绿岩)+6cmAC-20C(改性沥青、掺 2.25‰聚酯纤维)	3 192
恩黔长上坡桥面铺装原设计结构	4cm 改性沥青 AC13(石英砂岩)+6cmAC-20C(改性沥青、掺 2.25‰聚酯纤维)	2 673
恩黔长上坡桥面铺装 1 号拟定结构	4cm 改性沥青 SMA13(石英砂岩)+6cmAC-20C(改性沥青、掺 2.25‰聚酯纤维)	3 025
恩黔长上坡桥面铺装 2 号拟定结构	4cm 改性沥青 SMA13(石英砂岩)+6cmAC-20C(改性沥青、掺 3‰聚酯纤维)	3 228
恩黔长上坡桥面铺装 3 号拟定结构	5cm 改性沥青 SMA-16(石英砂岩)+5cm 改性沥青 SMA-13(石英砂岩)	4 406

5.2.2.2　试验结果及分析

对表 5-2 中的 11 种组合结构开展全厚式车辙试验，试验设备采用改进型车辙试验机。试验时采用常载常速，即 0.7MPa 和 42 次/mm；在全厚式试件内部需要形成温度梯度，具体推荐为：路基段沥青面层组合试件表面温度为 60℃、底面温度设定 47℃，桥面铺装试件表面 65℃、底面 59℃。

若以“路基段沥青面层参考结构”的整体 DS 为评价标准，则表 5-2 中“路基段 2 号 3 号 4 号拟定结构”满足要求。但“路基段沥青面层参考结构”实际应用于沪蓉西高速公路长大上坡路段后仍然出现了一定的车辙病害，意味着该结构自身也是需要加强抗车辙性能的，需要加强到什么程度则未知。为安全起见，最好选择“路基段 2 号拟定结构”作为恩黔高速公路长大上坡路基段沥青面层结构。但是，添加抗车辙剂后沥青混合料的动稳定度虽然得到了大幅提高，其低温性能却有可能受损，其对沥青混合料全面性能的改善不如添加聚酯纤维后的沥青混合料。再考虑到恩黔高速公路长大纵坡路段交通和气候条件与沪蓉西高速公路长大纵坡路段的区别，则可以选择“路基段 4 号拟定结构”作为恩黔高速公路长大上坡路基段沥青面层结构。

至于桥面铺装，若也以“桥面铺装参考结构”的整体 DS 作为优选的依据，那么“桥面铺装 2 号 3 号拟定结构”都满足要求。与路基段拟定结构必选时相同的考虑，建议选择“桥面铺装 2 号拟定结构”作为恩黔高速公路长大上坡桥面铺装结构。

当然，上述建议只是考虑了抗车辙性能这一个方面，最终的优选结果还需要从其他力学性能和经济性方面进行综合考虑。

5.2.2.3 综合比选

在抗车辙性能方面，如果以沪蓉西高速公路长上坡实际使用沥青路面面层结构的室内测试动稳定度为标准，那么表 5-2 中“路基段 2 号 3 号 4 号拟定结构”和“桥面铺装 2 号 3 号拟定结构”都满足要求。但是，沪蓉西高速公路长上坡沥青路面在服役期间还是出现了车辙病害，为安全起见，这些拟定结构仍然需要加强抗车辙性能。在抗滑性能方面，沪蓉西高速公路第一合同段(表面层沥青混合料采用的粗集料是辉绿岩)的抗滑性能不容乐观，特别是长大纵坡路段。在抗裂性能方面，沪蓉西高速公路长大纵坡沥青路面的破损比较严重(相比于其他路段)，说明还需要加强其抗裂性能。

综合上述分析，考虑将表 5-2 中的“路基段 3 号 4 号拟定结构”和“桥面铺装 2 号 3 号拟定结构”的表面层沥青混合料的集料改用玄武岩。这样一来，这几种组合结构的抗车辙性能和抗滑性能都会增强，抗滑性能的衰减速度也会放缓。至于抗裂性能，表面层沥青混合料改用玄武岩后，表面层材料的疲劳性能和抗水损害性能都得到了改善，无论对 TOP-DOWN 裂缝还是反射裂缝都有延缓作用；在将路基段的下面层由 AC25 改为 AC20 后，下面层的疲劳性能也会得到改善，有利于延缓反射裂缝。

与原方案相比，表 5-3 中的路面面层结构表面层粗集料发生了变化，故又对表 5-3 中的上坡面层结构开展了全厚式沥青面层车辙试验，试验结果见表 5-4。

推荐进行经济性比较的沥青面层组合结构 表 5-3

	材料和厚度组合	综合优势
恩黔上坡路基段沥青面层原设计结构	4cm 改性沥青 AC13(石英砂岩)+6cmAC-20C(改性沥青、掺 2.25‰聚酯纤维)+8cm 改性沥青 AC-25C	
上坡路基段推荐结构 1	4cm 改性沥青 SMA13(玄武岩)+6cmAC-20C(改性沥青、掺 3‰聚酯纤维)+8cm 改性沥青 AC-25C	通过中面层进一步增强结构抗车辙性能和疲劳性能
上坡路基段推荐结构 2	4cm 改性沥青 SMA13(玄武岩)+6cmAC-20C(改性沥青、掺 2.25‰聚酯纤维)+8cm 改性沥青 AC-20C	通过下面层改善结构疲劳性能和基面层界面结合性能
恩黔上坡桥面铺装原设计结构	4cm 改性沥青 AC13(石英砂岩)+6cmAC-20C(改性沥青、掺 2.25‰聚酯纤维)	
上坡桥面铺装推荐结构 1	4cm 改性沥青 SMA13(玄武岩)+6cmAC-20C(改性沥青、掺 3‰聚酯纤维)	通过下面层进一步增强铺装结构抗车辙性能
上坡桥面铺装推荐结构 2	5cm 改性沥青 SMA-16(玄武岩)+5cm 改性沥青 SMA-13(玄武岩)	通过双层 SMA 倒装结构增强铺装结构抗车辙性能及层间界面性能

上坡推荐结构的抗车辙性能 表 5-4

	材料和厚度组合	整体 DS(次/mm)
上坡路基段推荐结构 1	4cm 改性沥青 SMA13(玄武岩)+6cmAC-20C(改性沥青、掺 3‰聚酯纤维)+8cm 改性沥青 AC-25C	5 491
上坡路基段推荐结构 2	4cm 改性沥青 SMA13(玄武岩)+6cmAC-20C(改性沥青、掺 2.25‰聚酯纤维)+8cm 改性沥青 AC-20C	5 473
上坡桥面铺装推荐结构 1	4cm 改性沥青 SMA13(玄武岩)+6cmAC-20C(改性沥青、掺 3‰聚酯纤维)	3 476
上坡桥面铺装推荐结构 2	5cm 改性沥青 SMA-16(玄武岩)+5cm 改性沥青 SMA-13(玄武岩)	4 823

由表 5-4 可见，在将表面层沥青混合料的粗集料由石英砂岩换成玄武岩后，沥青面层的整体抗车辙性能得到了提高。如果恩黔高速公路长大纵坡的交通量和轴载组成与沪蓉西高速公路长大纵坡类似或相当，那么表 5-4 的推荐结构抵抗车辙变形的能力就高于沪蓉西高速公路的面层结构。

从抗车辙性能和经济性的角度进行分析，上坡路基段推荐结构 1 和上坡桥面铺装推荐结构 1 可以作为恩黔高速公路连续 13km 上坡路段沥青路面的面层结构。

最终的最佳方案还需要通过沥青路面设计程序，综合考虑弯沉和抗裂性能等确定。

5.3 考虑抗车辙性能的正常路段沥青面层结构比选实例

本节将以云罗高速公路某段、京港澳高速公路某段和京新高速公路某段路面工程为例，介绍非长大纵坡路段沥青面层结构组合比选的方法和过程。

5.3.1 云罗高速公路某段沥青面层结构组合比选

云罗高速公路与广云高速公路相接，气候和交通条件相当。第 4 章 4.2 节介绍了在广云高速公路某段通过现场取样确定沥青面层动稳定度控制标准的确定方法，本节将以该标准作为沥青面层结构组合方案比选的依据。

5.3.1.1 结构组合方案的拟定

云罗高速公路主线沥青路面面层结构组合设计方案为 4cm 改性沥青 AC-13＋6cm 改性沥青 AC-20＋8cmA 级 70 号沥青 AC-25，是一种常见的结构组合方案。

本节将采用多种沥青混合料及其厚度的组合来全面对比其抗车辙性能，各层混合料的类型有：

表面层：改性沥青 SMA-13，A 级 70 号沥青 AC-13；为便于制表，在后文中分别以 A1、A2 代替；

中面层：A 级 70 号沥青 AC-20、添加 0.2％抗车辙剂 AC-20，改性沥青 AC-20，为便于制表，在后文中分别以 B1、B2、B3 代替；

下面层：A 级 70 号沥青 AC-25，为便于制表，在后文中以 C 代替。

各层厚度的组合有(表面层厚度＋中面层厚度＋下面层厚度)：(4cm＋6cm＋8cm)、(5cm＋7cm＋10cm)和(5cm＋8cm＋13cm)

将各层沥青混合料类型和厚度进行充分组合后，得到了 18 种不同厚度和材料的沥青面层结构组合方案。

5.3.1.2 全厚式车辙试验条件

对所选的各面层的沥青混合料，根据所在层位不同厚度分别进行车辙试验以及成型各种厚度结构组合试件进行全厚式车辙试验，多层结构组合试件成型分层从下面层开始逐层碾压成型，每层混合料成型后的压实度以达到马歇尔标准压实的 100%±1%为准。多层试件成型时层间埋设温度传感器，以控制试验时温度梯度的形成，不同厚度的单层沥青混合料车辙试验温度是标准规范车辙试验温度 60℃，恒温时间 4～6h 随厚度的变化而变化，不同厚度的全厚式结构车辙试验试件的恒温时间则以温度传感器显示温度梯度形成时为准。试验的温度梯度的形成通过隔绝试件四周的温度传递，控制试件顶面和底面温度来实现，各结构组合顶面和底面的温度见表 5-5。

各组合方案车辙试验温度梯度 表 5-5

试件厚度(cm)	18	22	26
顶面温度(℃)	60	60	60
底面温度(℃)	48.3	41.3	35.3

5.3.1.3 基于抗车辙性能的沥青面层结构组合方案比选

对选用的沥青路面结构组合进行 0.7MPa 荷载下的全厚式车辙试验，动稳定度试验结果分别如表 5-6 所示。

0.7MPa 下不同组合结构的整体动稳定度(次/mm) 表 5-6

面层厚度组合(cm) 面层材料组合	4+6+8	5+7+10	5+8+13
A1+B1+C	1 676	1 465	1 213
A1+B2+C	2 567	2 345	2 108
A1+B3+C	2 964	2 728	2 413
A2+B1+C	3 836	3 456	3 187
A2+B2+C	4 017	3 638	3 426
A2+B3+C	4 484	3 936	3 625

根据对广云高速的气候温度和交通调查分析，两条高速公路所处气候温度情况一致，交通量情况相近。第 4 章对广云高速公路沥青路面研究所得的动稳定度控制标准为 3 689 次/mm，可将其直接应用于云罗高速公路，以此指导云罗

高速公路沥青面层结构组合设计，并在在此基础上进行结构优选。

将表 5-6 中实际测试得到的整体动稳定度与设定的沥青面层整体动稳定度控制标准即 3 689 次/mm 进行对比，筛选出了满足抗车辙性能要求的 4 种组合结构，见表 5-7。

满足动稳定度要求的沥青面层组合结构 表 5-7

序号	材料和厚度组合
1	4cm 改性沥青 SMA 13＋6cm 改性沥青 AC20＋8cmA 级 70 号沥青 AC25
2	4cm 改性沥青 SMA 13＋6cm 添加 0.2%抗车辙剂 AC-20＋8cmA 级 70 号沥青 AC25
3	4cm 改性沥青 SMA 13＋6cm A 级 70 号沥青 AC-20＋8cmA 级 70 号沥青 AC25
4	5cmSMA13＋7cm 改性沥青 AC20＋10cmA 级 70 号沥青 AC25

从全厚式轮辙试验结果可以看出：

(1)在相同材料组合情况下，沥青面层总厚度越大，其整体动稳定度越小，代表其抗车辙性能越差。

(2)如果以整体动稳定度≥3 689 次/mm 作为优选标准，那么以 70 号 A 级沥青 AC-13 作为表面层的所有组合结构都不能满足抗车辙性能要求，这可能也是目前表面层沥青混合料不再采用普通沥青作为结合料的一个主要原因；以 SMA13 作为表面层的 4cm＋6cm＋8cm 厚度组合的所有结构，以及 5cm＋7cm＋10cm 厚度组合双层改性沥青的结构都能满足抗车辙性能的要求。

(3)最接近 3 689 次/mm 整体动稳定度标准的组合结构为 4cmSMA-13＋6cm70 号 A 级沥青 AC-20＋8cm 70 号 A 级沥青 AC-25；但考虑到试验可能存在的误差，也可以将 5cm SMA-13 ＋ 7cm 添加 0.2%抗车辙剂 70 号 A 级沥青 AC-20＋10cm70 号 A 级沥青 AC-25 组合结构和 5cmSMA13＋7cm 改性沥青 AC20＋10cmA 级 70 号沥青 AC25 组合结构作为备选方案。

需要说明的是，表 5-6 中的每一个 DS 数据都只能反映该组合结构各层所用特定级配沥青混合料组合而成的整体动稳定度，如果改变各层混合料的级配，可能会导致整体动稳定度试验结果发生比较大的变化。所以，如果需要在上述组合结构优选的基础上，用整体动稳定度控制标准来具体指导各层沥青混合料的组成设计，则还需要开展更细致的全厚式轮辙试验。

从经济性的角度考虑，0.2%抗车辙剂 70 号 A 级沥青 AC-20 与改性沥青 AC20 造价相差不大，那么在上下面层材料相同的情况下，沥青面层总厚度越厚，造价越高，从这个角度来看，不宜采用 5cm＋7cm＋10cm 的组合结构。但是，从抗裂性能的角度来看，沥青层越厚，基层裂缝反射到路表需要的时间越长，对结构是有利的。在按照 4cm+6cm+8cm 厚度组合的 3 种备选方案中，中面层采用 70 号 A 级沥青 AC-20 的结构最经济，而且其抗车辙性能与设定的控制标准值相比“富余程度”是最小的，意味着其抗车辙性能也是“最经济”的。

最终的最佳方案还需要通过沥青路面设计程序，综合考虑弯沉和抗裂性能等综合确定。

5.3.2 改扩建工程某段沥青面层结构组合比选

第 4 章 4.3 节依托京港澳高速公路某段改扩建的契机，通过在 5 个交通量不同的区段进行现场大规模全厚式取样，经过试验和分析得到了由当量轴次计算沥青面层结构动稳定度控制标准的方程。本节将采用此方程，为该改扩建工程推荐沥青面层动稳定度控制标准，并据此进行沥青面层不同结构组合方案的比选。

5.3.2.1 轴载等效换算方法

国内外学者轴载等效换算开展了比较多的研究，建立了多种形式的基于车辙的轴载等效换算公式。

美国各州公路及运输工作者协会(AASHTO)提出的基于车辙等效的轴次换算公式为：

$$\frac{N_{si}}{N_i} = \left(\frac{p_i}{p_s}\right)^A \tag{5-1}$$

式中：A——换算指数，一般取值为 4～6；

p_s、N_{si}——标准轴载及当量轴次；

p_i、N_i——某一级轴载及其通行次数。

该模型已被很多文献引用，但换算指数的取值各有不同，如日本道路公团的 A 值为 4.0，南非的 A 值为 4.2，比利时的 A 值为 4.0～4.17，P. S 帕尔的研究结果 A 取值为 5.1。

美国工兵团提出的基于车辙等效的轴次换算公式为：

$$\frac{\lg(4.5N_{si})}{\lg(4.5N_i)} = \sqrt{\frac{p_i}{p_s}} \tag{5-2}$$

壳牌(Shell)石油公司提出的基于车辙等效的轴次换算公式为：

$$\frac{N}{n} = 2.88 \times 10^{-8} L^4 \tag{5-3}$$

式中：L——轴载，kN；

n——轴载为 L 的轴载作用次数；

N——换算为82kN的标准轴载作用次数。

美国地沥青协会提出的基于车辙等效的轴次换算公式为：

$$\frac{N_{81}}{N_L}=10^{0.0262(L-81)} \tag{5-4}$$

本节采用式(5-1)和式(5-2)两种方法进行轴载等效换算，其中ASSHTO方法中的指数取值为4。

5.3.2.2 交通量预测

依托工程的改扩建涉及到将主线由4车道拓宽成8车道(两侧各拓宽2个车道)，还有一段新建路段。为此，这里需要分别预测旧路车道、拓宽车道以及新建路段的交通量。

(1)旧路车道与拓宽车道

①交通组成与交通量

根据工可资料，改扩建工程道路双幅全断面特征年车型比例见表5-8。

特征年车型比例表(%) 表5-8

车型＼年份	2006	2010	2013	2020	2025	2030	2032
小型货车	3.57	3.28	2.99	2.51	2.22	1.97	1.88
中型货车	8.93	7.87	7.01	5.54	4.67	3.95	3.71
大型货车	26.41	26.55	26.66	27.08	27.27	27.58	27.71
小型客车	43.78	45.43	46.76	49.07	50.04	50.92	51.20
大型客车	4.90	4.43	4.12	3.50	3.11	2.79	2.66
拖挂车	12.40	12.44	12.47	12.63	12.68	12.79	12.84
合计	100	100	100	100	100	100	100

由表5-8可看出：大型货车、拖挂车这类重载车型出现增长，虽然小型货车、中型货车出现下降，从轴载贡献率来说，总轴重还是出现了显著增加，这就对路面结构设计中的车辙病害要更加重视。为了将各车型轴次换算为标准轴次，将各车型转化为对应重量的车型，小型货车对应车型为红旗CA630，大客车对应车型为会客JT692A，小型货车对应车型为北京BJ130，中型货车对应车型为东风EQ144，大型货车对应车型为大脱拉81553，拖挂车对应车型为五十铃EXR181。

依据初测外业验收专家意见，将K319＋700～K421＋980段分段进行加权平均预测交通量，全线特征年路段交通量预测结果见表5-9。

特征年路段交通量预测结果(puc/d) 表 5-9

路段	2013 年	2020 年	2030 年	2032 年
K319+700～K395+000	39 929	58 360	95 614	108 210
K395+000～K421+980	35 868	51 683	85 062	99 307

根据相关规范,不同车型对应不同的换算系数,其中小型货车、中型货车、大型货车、小型客车、大型客车、拖挂车换算系数分别为 1、1.5、3、1、2、4。由此可以得到预测交通量增长率,见表 5-10。

预测交通量增长率(%) 表 5-10

路　段	2013—2020 年	2020—2030 年	2030—2032 年
K319+700～K395+000	5.57	5.06	6.38
K395+000～K421+980	5.36	5.11	8.05

②改扩建后车道交通量分流预测

由于改扩建工程的特殊性,借鉴国内其他改扩建工程实例确定了采用分车道设计的原则,即将大型车限制在右侧两个车道上,最外侧车道为大型车行车道,旁边的车道为大型车超车道。同时,小型客车在四条车道上可以灵活行驶。考虑重车主要在右侧车道行驶的因素,本项目车道分布系数取值在规范双向八车道取值的基础上考虑略增大,车道系数 η 取 0.4,具体交通量分配如下:

8 车道分车道设计:自中央分隔带向外第一、第二车道为旧路面改建利用车道,按行驶小型车、中型车进行设计(分配小型客车、大型客车、小型货车、中型货车及大型货车);第三、第四车道和硬路肩全部新建路面,按行驶大、中型车进行设计(小型货车、中型货车、大型货车、拖挂车)

(2)新建路段

参考项目工程可行性研究报告,得出交通量预测、车型构成比例数据,见表 5-11和表 5-12。

各年段交通量预测表 表 5-11

车型	2013 年	2020 年	2030 年	2032 年
平均	16 819	18 944	45 610	48 388

自然数车型比例表(%) 表 5-12

车型	小型货车	中型货车	大型货车	拖挂车	小型客车	大型客车
平均	14.2	11.8	21.1	13.8	29.0	10.1

由各年段交通预测表可以计算出各时间段交通增长率，计算结果见表5-13。

预测交通量增长率(%) 表5-13

时间段	2013—2020年	2020—2030年	2030—2032年
K395+000～K421+980	1.7	9.2	3

5.3.2.3 当量轴次计算

(1)改扩建路段

①各类车型日通行次数

按照设计文件中车道分流的原则进行车型的分配，旧路加铺车道为：小型客车、大型客车、50%小型货车、50%中型货车、50%大型货车；拓宽车道为：50%小型货车、50%中型货车、50%大型货车、拖挂车。按照交通组成与交通量预测结果可以计算出2015年和2020年各类车型日通行数量，结果见表5-14。

各类车型日通行数量 表5-14

项目	2015年				2020年			
	K319+700～K395+000		K395+000～K421+980		K319+700～K395+000		K395+000～K421+980	
	加铺车道	拓宽车道	加铺车道	拓宽车道	加铺车道	拓宽车道	加铺车道	拓宽车道
小型货车	318	318	369	369	285	285	327	327
中型货车	745	745	814	814	668	668	721	721
大型货车	2 833	2 833	3 978	3 978	2 539	2 539	3 523	3 523
小型客车	9 937	0	14 416	0	8 908	0	12 767	0
大型客车	876	0	1 028	0	785	0	911	0
拖挂车	0	2 650	0	3 710	0	2 376	0	3 286

②采用ASSHTO方法进行轴载等效换算

采用ASSHTO方法进行不同轴载作用次数的等效换算，计算出日标准轴载作用次数N_1；再按照$N_e=\frac{[(1+r)^t-1]\times 365\times N_1\times \eta}{r}$计算累计当量轴次，其中车道系数$\eta$取值为0.4，$\gamma$为年增长率，$t$为使用年限。计算结果见表5-15。

ASSHTO 方法计算得到的累计当量轴次 表 5-15

使用年限	K319+700～K395+000		K395+000～K421+980	
	旧路车道当量轴次 N_e(次)	拓宽车道当量轴次 N_e(次)	旧路车道当量轴次 N_e(次)	拓宽车道当量轴次 N_e(次)
2015	1 075 044	2 220 522	963 743	1 990 628
2016	2 209 985	4 564 760	1 979 113	4 087 891
2017	3 408 159	7 039 607	3 048 875	6 297 502
2018	4 673 088	9 652 341	4 175 944	8 625 480
2019	6 008 494	12 410 643	5 363 387	11 078 165
2020	7 418 302	15 322 624	6 614 441	13 662 237
2021	8 871 383	18 419 321	7 926 017	16 404 639
2022	10 398 002	21 672 734	9 304 597	19 287 143
2023	12 001 879	25 090 796	10 753 605	22 316 906
2024	13 686 925	28 681 839	12 276 639	25 501 452
2025	15 457 248	32 454 616	13 877 481	28 848 687
2026	17 317 162	36 418 325	15 560 106	32 366 924
2027	19 271 203	40 582 629	17 328 691	36 064 898
2028	21 324 134	44 957 679	19 187 628	39 951 791
2029	23 480 959	49 554 141	21 141 534	44 037 256

③采用美国工兵团方法进行轴载等效换算

采用美国工兵团方法计算累计当量轴次，方法同前。计算结果见表 5-16。

美国兵工团方法计算得到的累计当量轴次 表 5-16

使用年限	K319+700～K395+000		K395+000～K421+980	
	旧路车道当量轴次 N_e(次)	拓宽车道当量轴次 N_e(次)	旧路车道当量轴次 N_e(次)	拓宽车道当量轴次 N_e(次)
2015	1 100 584	2 233 404	989 855	2 004 633
2016	2 262 487	4 591 243	2 032 736	4 116 653
2017	3 489 125	7 080 448	3 131 482	6 341 811
2018	4 784 105	9 708 340	4 289 087	8 686 168
2019	6 151 236	12 482 645	5 508 704	11 156 109
2020	7 594 536	15 411 519	6 793 654	13 758 363
2021	9 099 709	18 516 693	8 130 566	16 485 565

续上表

使用年限	K319+700～K395+000		K395+000～K421+980	
	旧路车道当量轴次 N_e(次)	拓宽车道当量轴次 N_e(次)	旧路车道当量轴次 N_e(次)	拓宽车道当量轴次 N_e(次)
2022	10 681 057	21 779 012	9 535 777	19 350 785
2023	12 342 433	25 206 430	11 012 777	22 361 007
2024	14 087 887	28 807 302	12 565 232	25 523 570
2025	15 921 675	32 590 407	14 196 998	28 846 183
2026	17 848 268	36 564 966	15 912 127	32 336 946
2027	19 872 360	40 740 668	17 714 877	36 004 370
2028	21 998 888	45 127 694	19 609 724	39 857 393
2029	24 233 034	49 736 738	21 601 375	43 905 409

从计算结果可以看出，采用两种方法换算的累计标准轴载次数相差很小，从设计的角度考虑，采用两者中的较大数据用于计算动稳定度控制标准值，即选用ASSHTO方法得出的数据。

(2)新建路段

①各类车型日通行数量表

参照工可资料中的交通量预测数据，车辆换算系数与改扩建路段相同，计算得出各类车型日通行数量表5-17。

各类车型日通行数量 表5-17

年份	小型货车	中型货车	大型货车	小型客车	大型客车	拖挂车
2014	1 217	1 011	1 808	2 485	866	1 183
2020	1 348	1 120	2 003	2 752	959	1 310
2030	3 245	2 696	4 821	6 627	2 308	3 153

②轴载等效换算

采用ASSHTO方法、美国工兵团方法计算累计当量轴次，方法同前。计算结果见表5-18。

ASSHTO换算得出的累计标准轴载次数要大与美国兵团计算得出的数值。选用ASSHTO方法得出的数据用于计算动稳定度控制标准值。

累计当量轴次计算 表 5-18

ASSHTO 换算方法				美国工程兵团计算方法			
年份	当量轴次 N_e(次)	年份	当量轴次 N_e(次)	年份	当量轴次 N_e(次)	年份	当量轴次 N_e(次)
2015	1 280 474	2023	12 674 712	2015	1 135 118	2023	11 221 935
2016	2 582 715	2024	14 521 381	2016	2 289 532	2024	12 853 434
2017	3 907 095	2025	16 537 944	2017	3 463 572	2025	14 635 032
2018	5 253 990	2026	18 740 031	2018	4 657 571	2026	16 580 536
2019	6 623 781	2027	21 144 710	2019	5 871 867	2027	18 705 026
2020	8 016 859	2028	23 770 619	2020	7 106 806	2028	21 024 970
2021	9 435 006	2029	2 663 8112	2021	8 359 714	2029	23 558 348
2022	10 983 623			2022	9 727 888		

5.3.2.4 动稳定度控制标准

采用第 4 章推荐的式(4-7),即考虑老化影响后的动稳定度控制标准计算方程,将上小节预测的累计当量轴次代入该式中,分别为旧路车道、加铺车道和新建路段推荐沥青面层动稳定度控制标准值。

将表 5-15 中旧路车道在设计年限内的累计当量轴次 23 480 959 和 21 141 534 代入式(4-7),计算得出两个路段的沥青面层结构动稳定度控制标准值,见表 5-19。

旧路车道沥青面层动稳定度控制标准值(次/mm) 表 5-19

路段	K319+700～K395+000	K395+000～K421+980
动稳定度标准	1 832	1 649

将表 5-15 中拓宽车道在设计年限内的累计当量轴次 49 554 141 和 44 037 256 代入式(4-7),计算得出两个路段的沥青面层结构动稳定度控制标准值,见表 5-20中第 15 年末对应的数值。

由于式(4-7)拟合过程中的道路轴次数据变化范围为 2.2×10^7～2.8×10^7,模型的外延性精度会受到一定的限制,也就是说 15 年末的计算结果会受到影响。因此又选取了达到式(4-7)拟合数据范围的当量轴次,计算了对应第 10 年的动稳定度控制标准值(即可以保证特定使用年限不出现车辙病害的动稳定度标准值),见表 5-20 中第 10 年末对应的数值。

拓宽车道沥青面层动稳定度控制标准值(次/mm) 表 5-20

里程段	K319+700~K395+000		K395+000~K421+980	
使用年限	第 10 年末	第 15 年末	第 10 年末	第 15 年末
动稳定度标准	2 314	5 913	2 006	4 615

将表 5-18 中新建路段在设计年限内的累计当量轴次 26 638 112 代入式(4-7),计算得出新建路段的沥青面层结构动稳定度控制标准值为 2 111 次/mm。

5.3.2.5 沥青面层结构原设计方案抗车辙性能评价

对改扩建工程原路面沥青面层结构设计方案开展全厚式车辙试验,试验设备采用改进型车辙试验机,荷载大小和轮碾速度分别为 0.7MPa 和 42 次/min,需要在试件内部形成温度场,控制试件表面温度为 60℃,试件底部控制温度与试件厚度有关。

(1)旧路车道

旧路车道沥青面层原设计结构形式为:4cm 改性沥青 SMA-13+6cm 改性沥青 AC-20C+原路面结构。按照设计级配,将从现场主车道车辙处取回全厚式面层试件放置在试模内,然后在其上成型 6cm 改性沥青 AC-20C+4cm 改性沥青 SMA-13,成型后试件总厚度达到 29cm。然后按照前面介绍过的方法使试件内部形成温度梯度,控制试件底部温度为 43.4℃。进行全厚式车辙试验,得出结构整体动稳定度值为 3 475 次/mm。

与表 5-19 推荐的沥青面层动稳定度控制标准进行对比,发现旧路车道原路面面层设计结构的整体动稳定度值满足要求。

(2)拓宽车道

拓宽车道路面沥青层原设计结构形式为:4cm 改性沥青 SMA-13+6cm70 号 A 级沥青 AC-20C+8cm70 号 A 级沥青 AC-25C+11cm 70 号 A 级沥青 ATB 25。按照设计级配,依次成型得到全厚式试件。按照前面介绍过的方法使试件内部形成温度梯度,控制试件底部温度为 43.4℃。进行全厚式车辙试验,得出结构动稳定度值为 4 487 次/mm。

与表 5-19 推荐的沥青面层动稳定度控制标准进行对比,发现原设计结构的实测动稳定度值要大于第 10 年末对应的动稳定度控制标准,但要小于第 15 年末对应的动稳定度控制标准,说明原设计结构可以保证使用 10 年而不致出现超过 15mm 的车辙病害,但要管用 15 年的话则还需要加强其整体抗车辙性能。

(3)新建路段

扩建段结构形式为:4cm 改性沥青 SMA-13＋6cm 改性沥青 AC-20C＋12cmATB-25。按照设计级配,依次成型得到全厚式试件。按照前面介绍过的方法使试件内部形成温度梯度,控制试件底部温度为 45.5℃。进行全厚式车辙试验,得出结构动稳定度值为 3 869 次/mm。

与新建路段的沥青面层结构动稳定度控制标准值 2 111 次/mm 对比,发现原设计结构整体动稳定度值要高于控制标准值满足抗车辙性能要求。

5.3.2.6 旧路车道沥青面层结构方案比选

(1)加铺层结构组合方案拟定

上一节的试验结果表明原设计方案采用加铺 4cm 改性沥青 SMA-13＋6cm 改性沥青 AC-20C 后,所有沥青层形成的全厚式试件的整体动稳定度超过了设定的动稳定度控制标准,理论上不需要再加强其抗车辙性能了。由于表面层的重要性,这里在拟定比选方案时不准备更换 SMA13,而将中面层的改性沥青换成 70 号 A 级沥青。同时,由于旧路加铺工程的特殊性,除抗车辙性能外,还需要重点考虑如何延缓或防止旧路病害反射到路表;为此,这里也考虑在中面层改性沥青 AC-20C 中添加聚酯纤维,作为另一个比选方案。从施工角度考虑,2 个加铺层的厚度都保持不变,见表 5-21。

拟定的加铺层结构比选方案 表 5-21

编号	中面层混合料类型	结构层厚度	备注
原有结构	改性沥青 AC-20C	6cm	上面层不变
拟定结构 1	AC-20C(改性沥青＋聚酯纤维 2.5‰)	6cm	
拟定结构 2	70 号 A 级沥青 AC-20C	6cm	

(2)全厚式车辙试验结果与比选

按照设计级配,将从现场主车道车辙处取回全厚式面层试件放置在试模内,然后在其上成型拟定结构 1,成型后试件总厚度达到 29cm。对成型好的试件开展全厚式车辙试验,试验设备采用改进型车辙试验机,荷载大小和轮碾速度分别为 0.7MPa 和 42 次/min。再按照前面介绍过的方法使试件内部形成温度梯度,控制试件表面温度为 60℃,底部温度为 43.4℃;试验结果见表 5-22。

同样的步骤,测试拟定结构 2＋旧路沥青面层的整体抗车辙性能,试验结果见表 5-22。

旧路车道拟定结构动稳定度值(次/mm) 表 5-22

原设计结构	拟定结构 1	拟定结构 2
3 475	3 945	2 664

从试验结果看,两种拟定结构加铺到旧路面层上以后,其整体抗车辙性能都超过前文为旧路车道设定的动稳定度控制标准值。从抗车辙性能的角度来看,表 5-22 中的三种加铺方案都有“富余”,还可以继续优化。但是,如前所述,旧路加铺工程还需要重点关注其延缓旧路病害反射到路表的性能。因此,可以通过修筑试验路段来进行工程检验。

5.3.2.7 基于抗车辙性能的拓宽车道沥青面层结构方案比选

(1)拓宽车道沥青面层结构组合方案拟订

前面的试验已经表明,拓宽车道路面沥青层采用原设计结构方案后,如果要保证路面在设计年限末期不出现超过 15mm 深的车辙病害,其抗车辙性能还需要加强。

拓宽路段承受的累计轴载作用次数较大,路面结构原设计厚度达到 29cm。根据相关研究,减薄路面对于减轻路面车辙病害有着一定的积极作用。这里采用减薄沥青层厚度的方法,期望达到增强抗车辙性能的目的,具体方法是选择硬质沥青作为底层沥青混合料的结合料。

①路面结构原设计方案。

上面层:4cmSBS 改性沥青 SMA-13

中面层:6cmSBS 改性沥青 AC-20C

下面层:8cmAC-25C(70 号)粗粒式沥青混凝土

上基层:11cmATB-25(70 号)沥青稳定碎石

基层:36cm 水泥粉煤灰稳定碎石

底基层:20cm 低剂量水泥稳定碎石

②拟定路面结构方案 1。将 ATB-25(30 号沥青)应用于上基层,AC-25(50 号沥青)应用于下面层。

上面层:4cmSBS 改性沥青 SMA-13

中面层:6cmSBS 改性沥青 AC-20C

下面层:8cmAC-25C(50 号)粗粒式沥青混凝土

上基层:9cmATB-25(30 号)沥青稳定碎石

基层:36cm 水泥粉煤灰稳定碎石

底基层:20cm 低剂量水泥稳定碎石

③拟定路面结构方案 2。

上基层、下面层沥青混合料均采用 50 号沥青：

上面层：4cmSBS 改性沥青 SMA-13

中面层：6cmSBS 改性沥青 AC-20C

下面层：8cmAC-25C(50 号)粗粒式沥青混凝土

上基层：10cmATB-25(50 号)沥青稳定碎石

基层：36cm 水泥粉煤灰稳定碎石

底基层：20cm 低剂量水泥稳定碎石

(2)全厚式车辙试验结果与比较

对拟定路面结构方案 1、2 分别开展全厚式车辙试验，试验设备采用改进型车辙试验机，荷载大小和轮碾速度分别为 0.7MPa 和 42 次/min；需要在试件内部形成温度场，控制试件表面温度为 60℃，试件底部控制温度分别设定为 44.5℃、43.9℃。试验结果见表 5-23。

拓宽路段拟定路面结构的动稳定度试验结果 表 5-23

原设计结构(29cm)	拟定结构 1(27cm)	拟定结构 2(28cm)
4 487	5 526	5 234

从结果可以看出，采用了硬质沥青混合料后，即使减薄了沥青层的总厚度，两种拟定结构的动稳定度值均超过了原设计沥青层结构组合方案，表明硬质沥青混合料有着较为出色的抗车辙性能。拟定结构 1 的动稳定度值要略高于拟定结构 2 的动稳定度，这与 30 号沥青混合料动稳定度值高于 50 号沥青混合料是相吻合的。

与表 5-20 为拓宽车道设定的沥青面层动稳定度控制标准相比，两种拟定结构的动稳定度值都还没有达到要求。考虑到前面为拓宽车道设定的沥青面层动稳定度控制标准存在一定的误差，误差一方面来源于其计算采用的式(4-7)的拟合数据范围有限，另一方面来源于式(4-7)考虑老化的影响是估计出的，如果不考虑老化的影响，计算出的沥青面层动稳定度控制标准见表 5-24，与表 5-23 对比可以发现两种拟定结构的抗车辙性能是满足要求的。

基于未考虑老化影响的计算公式得到的拓宽车道动稳定度控制标准值 表 5-24

里程段	K319＋700～K395＋000		K395＋000～K421＋980	
使用年限	第 10 年末	第 15 年末	第 10 年末	第 15 年末
动稳定度控制标准	2 024	5 018	1 745	4 015

(3)综合性能比选

试验发现(本书的主题是抗车辙性能,这里未列出具体试验结果),ATB-25(50号沥青)、ATB-25(30号沥青)、AC-25C(50号沥青)混合料的水稳定性能要优于原设计路面结构中的ATB-25(70号沥青)、AC-25C(50号沥青),特别是ATB-25(30号沥青)的冻融劈裂强度比明显高于ATB-25(50号沥青)。但是硬质沥青混合料的低温性能要低于高标号沥青混合料,甚至不满足规范要求,但考虑到硬质沥青混合料应用在结构层底部,实际所处温度要高于低温性能试验温度(−10℃)(现场埋设温度传感器实际测试得到的离路表10cm和18cm深度处的温度分别为−6.1℃和−2.1℃),在实际测试温度下开展的低温弯曲试验表明,硬质沥青混合料的低温弯曲性能能够满足要求。

经济性分析发现,采用硬质沥青混合料后沥青面层造价降低了。

综合以上分析,可以通过修筑试验路段来进一步检验拟定结构1的抗车辙性能。

5.3.2.8 基于抗车辙性能的新建路段沥青面层结构比选

(1)沥青面层结构方案拟订

新建路段由于不是京港澳高速主线,累计当量轴次较低,原设计结构能够满足抗车辙性能要求。沥青面层结构优化方向为降低造价并保证结构整体高温稳定性,具体方案是在下面层应用硬质沥青混合料并减薄结构层厚度。

路面结构原设计方案为:4cm改性沥青SMA-13+6cm改性沥青AC-20C+12cmATB-25(70号沥青)+20cm水泥稳定碎石+20cm石灰粉煤灰碎石+20cm石灰粉煤灰土。

路面结构组合方案调整:将原设计方案中的ATB-25(70号沥青)换成ATB-25(50号沥青),计算层位也选在此层(其他层位厚度均与原设计方案相同),作为拟定结构1;将拟定结构1的改性沥青AC-20C换成70号沥青AC-20C(掺0.2%抗车辙剂),作为拟定结构2。

拟定结构1:4cm改性沥青SMA-13+6cm改性沥青AC-20C+11cmATB-25(50号沥青)+20cm水泥稳定碎石+20cm石灰粉煤灰碎石+20cm石灰粉煤灰土

拟定结构2:4cm改性沥青SMA-13+6cm70号沥青AC-20C(掺0.2%抗车辙剂)+11cmATB-25(50号沥青)+20cm水泥稳定碎石+20cm石灰粉煤灰碎石+20cm石灰粉煤灰土

(2)基于抗车辙性能的沥青面层结构方案比选

对拟定路面结构方案1、2分别开展全厚式车辙试验,试验设备采用改进型车辙试验机,荷载大小和轮碾速度分别为0.7MPa和42次/min;需要在试件内部形成温度场,控制试件表面温度为60℃,试件底部控制温度设定为46.1℃。试验结果见表5-25。

新建路段拟定结构动稳定度　　表5-25

原设计结构(22cm厚)	拟定结构1(21cm厚)	拟定结构2(21cm厚)
3 869	4 620	4 963

由表5-25可见,三种沥青面层结构的动稳定度都超过了前面为新建路段设定的动稳定度控制标准,而且采用了50号硬质沥青混合料后两种拟定结构的动稳定度值均超过了原设计结构的动稳定度,这说明结构的抗车辙性能得到了一定程度的增强。

从抗车辙性能的角度来看,还需要对沥青面层结构组合方案进行进一步优化。

5.3.3 京新高速公路某段沥青面层结构组合方案比选

京新高速公路某段原设计沥青面层结构为4cmSBS改性沥青AC-13C+6cmSBS改性沥青AC-20C+7cmA级70号沥青AC-25C。

考虑到道路左右幅交通量及轴载组成存在的区别,本节将对左右路幅分别进行沥青面层结构组合方案比选。同时,还将分正常路段、大纵坡路段、桥面铺装和隧道分别进行沥青面层结构组合方案比选。

5.3.3.1　车辙试验条件

(1)正常路段路面。相关研究表明,在2%的坡度上,车辆有充足的后备功率克服道路阻力,汽车可以以比较理想的速度行使。这里将正常路段定义为纵坡小于2%的路段。

①荷载条件。根据京新高速公路某段的交通量和交通轴载组成,考虑进京方向重车较出京方向多,确定进京方向和出京方向路幅的车辙试验荷载分别为1.1MPa和0.9MPa。

②温度条件。根据京新高速公路某段所处区域的气候特征,设置全厚式试件温度梯度为顶面60℃、底面46℃。

③速度条件。正常路段不考虑低速行驶,轮碾速度取为42次/min。

(2)大纵坡路段路面。

①荷载条件。进京方向和出京方向路幅的车辙试验荷载分别为1.1MPa和0.9MPa。

②温度条件。大纵坡对沥青路面温度场的影响并不大,这里仍然采用与正常路段相同的温度梯度,即试件顶面60℃,底面46℃。

③速度条件。根据京新高速公路某段的纵坡情况,选用的轮碾速度为22次/min。

(3)桥面铺装。

①荷载条件。进京方向和出京方向路幅的车辙试验荷载分别为1.1MPa和0.9MPa。

②温度条件。桥面铺装混合料由于结构和所处环境完全不同于普通路面,温度场也与其他路段路面结构的温度场存在一定差异。京新高速公路某段桥梁结构有空心板、箱梁和T梁三种形式,其中空心板和箱梁所占的比例远大于T梁,空心板和箱梁都有箱体结构,因此采用箱梁结构桥梁铺装的温度场代表所有桥梁结构铺装层的温度场。参考东南大学的研究成果,桥面铺装车辙试验的温度梯度条件设置为:试件表面60℃,底部52℃。

③速度条件。桥梁所处路段的纵坡均较小,小于2%,因此不考虑低速,试验轮碾速度为42次/min。

(4)隧道路面。

①荷载条件。进京方向和出京方向路幅的车辙试验荷载分别为1.1MPa和0.9MPa。

②温度条件。隧道内路面处于一个相对封闭的环境,不受太阳辐射的直接影响,路面温度场相对其他路面而言存在很大的差异。研究发现公路隧道内只存在空气对流换热和空气辐射换热2种路表与外界热交换的形式,短隧道中部空气由于受到车辆排放热量和照明设备释放热量的影响,春季和夏季隧道中部平均气温均高于隧道外空气温度约1.5℃左右。

京新高速公路某段共有隧道6座,均为短隧道。参考长安大学的研究成果,隧道沥青面层车辙试验的温度梯度条件设置为:试件表面43℃,底部26℃。

③速度条件。京新高速公路某段的隧道均处于正常坡度,隧道照明设计采用80km/h设计时速标准,参考哈尔滨工业大学的研究结论,在该设计速度条件下重载车的最高速度为70km/h。因此隧道沥青面层车辙试验的试验轮碾速度设置为标准速度的70%,取28次/min。

5.3.3.2 基于抗车辙性能的沥青面层结构组合比选

由于本节目的是要进行抗车辙的结构优化，经多方考虑，决定以京新高速公路某段原设计沥青面层结构 4cmSBS 改性沥青 AC-13C＋6cmSBS 改性沥青 AC-20C＋7cmA 级 70 号沥青 AC-25C 为基础，不改变各层沥青混合料类型，而通过将改性沥青换成添加不同剂量抗车辙剂的 A 级 70 号沥青，以获得不同的沥青面层组合结构。

采用改进型车辙试验机，对拟定的所有沥青面层结构组合方案，在设定的试验条件下，分别开展了全厚式车辙试验。

沥青面层组合结构、车辙试验条件和试验结果见表 5-26。

京新高速公路某段全厚式沥青面层车辙试验结果 表 5-26

		路面结构	荷载（MPa）	速度（次/min）	温度场（℃）	DS（次/mm）
出京方向	一般路段	4cm 改性沥青 AC-13C＋6cm 改性沥青 AC-20C＋7cm 改性沥青 AC-25C	0.9	42	60～46	5 500
		4cm 改性沥青 AC-13C＋6cm 改性沥青 AC-20C＋7cmA 级 70 号 AC-25C	0.9	42	60～46	5 450
		4cm 改性沥青 AC-13C＋6cm 0.15%抗车辙剂 AC-20C＋7cmA 级 70 号 AC-25C	0.9	42	60～46	3 850
	大纵坡段	4cm 改性沥青 AC-13C＋6cmA 0.3%抗车辙剂 AC-20C＋7cmA 级 70 号 AC-25C	0.9	22	60～46	4 050
	隧道	4cm 改性沥青 AC-13C＋6cmA 级 70 号 AC-20	0.9	28	43～26	12 300
	桥梁	4cm 改性沥青 AC-13C＋6cm0.3%抗车辙剂 AC-20C	0.9	42	60～52	4 350

续上表

<table>
<tr><td></td><td></td><td>路面结构</td><td>荷载
(MPa)</td><td>速度
(次/min)</td><td>温度场
(℃)</td><td>DS
(次/mm)</td></tr>
<tr><td rowspan="4">进京方向</td><td>一般路段</td><td>4cm0.4%抗车辙剂 AC-13C＋6cm0.3%抗车辙剂 AC-20C＋7cmA级70号AC-25C</td><td>1.1</td><td>42</td><td>60～46</td><td>3 950</td></tr>
<tr><td>桥梁</td><td>4cm0.5%抗车辙剂 AC-13C＋6cm0.3%抗车辙剂 AC-20C</td><td>1.1</td><td>42</td><td>60～52</td><td>4 150</td></tr>
<tr><td>大纵坡段</td><td>4cm0.5%抗车辙剂 AC-13C＋6cm0.3%抗车辙剂 AC-20C＋7cm A级70号AC-25C</td><td>1.1</td><td>22</td><td>60～46</td><td>3 920</td></tr>
<tr><td>隧道</td><td>4cm0.3%抗车辙剂 AC-13C＋6cmA级70号AC-20</td><td>1.1</td><td>28</td><td>43～26</td><td>10 850</td></tr>
</table>

由表5-26可见：

(1)如果设置沥青面层结构动稳定度控制标准为3800次/mm，原设计的沥青面层结构(表中第2行)抗车辙性能超过标准值43%，显然不经济，需要优化。

(2)根据“实测动稳定度尽量接近设定的沥青面层结构动稳定度控制标准”的原则，从抗车辙性能的角度，可以为每种路段沥青面层分别推荐优化的组合结构。

(3)隧道路面即使仅一层混合料采用改性沥青，其抗车辙性能也远超标准，说明在路面结构设计时不需要特别关注隧道沥青路面的抗车辙性能。

第6章　考虑抗车辙性能的沥青面层结构设计方法

按照第5章的方法，需要在初步拟定多个沥青面层组合结构后，利用改进型车辙试验机对不同的设计方案开展全厚式车辙试验，将试验结果与预先设定的沥青面层整体动稳定度控制标准进行对比，同时考虑路面结构的其他力学性能，比选出技术性和经济性俱佳的沥青面层结构组合方案。这种方法需要在设计环节开展耗时比较长的全厚式车辙试验，而本书推荐的改进型车辙试验还没有得到推广应用，无疑会影响这种比选方法的推广应用。

本章将介绍一种通过计算就能进行基于抗车辙性能的沥青面层结构组合设计的方法。该方法的核心是一个将沥青面层整体动稳定度控制标准分解成各结构层动稳定度控制标准及其厚度组合的方法，后文称之为“层位分解方法”。

6.1　沥青面层动稳定度控制标准的层位分解方法

我国规范没有针对沥青路面结构设置动稳定度控制标准，只对沥青混合料分材料类型设定了动稳定度控制标准，要求在沥青混合料材料组成设计环节按该标准检验沥青混合料的抗车辙性能。这种方法存在的三个方面的问题：

一是该动稳定度控制标准不考虑沥青混合料所处的结构层位，因为层位不同材料所处温度环境和应力场不同，可能导致相同材料用于下面层是能够抵抗车辙变形的，而用于中上面层则可能抵抗不了车辙变形；

二是该材料标准不考虑材料所处的结构层厚度，因为规范设置的动稳定度控制标准是对应固定厚度时的材料性能，而材料越厚动稳定度可能越小，这样会导致满足检验要求的沥青混合料用于5cm厚度层位时能够抵抗车辙，而用于8cm厚度层位时则不能抵抗车辙；

三是材料抗车辙性能不代表沥青面层结构整体抗车辙性能，即由检验合格的沥青混合料组成的面层结构不一定能抵抗车辙，其原因在于结构整体动稳定度与材料动稳定度之间的关系不明。

车辙是沥青面层整体变形的体现，因此从沥青面层结构整体的角度设置动稳定度控制标准是最直接的。但目前在施工环节还没有简便的办法能现场直接测试沥青面层结构整体的动稳定度，常用的方法是逐层控制各层位沥青混合料的动稳定度。这就需要一种转化方法，能直接将沥青面层结构整体动稳定度控制标准转化为各结构层位的动稳定度控制标准。本节将针对这三个方面的问题，提出沥青路面动稳定度控制标准的层位分解方法。

6.1.1 沥青面层整体动稳定度的层位分解方程的提出

沥青面层全厚式试件室内车辙试验的车辙变形是其组成各层变形的累积，因此从理论上有：

$$\Delta d_0 = \sum_{i=1}^{n} \Delta d_i \tag{6-1}$$

式中：Δd_0——某时间段内全厚式车辙试件的车辙深度增加值(mm)；

Δd_i——某时间段内各单层材料车辙深度增加值(mm)；

n——试件的层数。

根据动稳定度的定义，单层沥青混合料轮辙试验时在特定时间段内车辙深度增加值为：

$$\Delta d_i = \frac{N \times (t_2 - t_1)}{DS_i} \times c_1 \times c_2 \tag{6-2}$$

式中：N——试验轮往返碾压速度；

DS_i——各单层材料的动稳定度，当 $i=0$ 时为全厚式试件的整体动稳定度(次/mm)；

c_1——为试验机类型修正系数；

c_2——为试件系数；

t_1、t_2——动稳定度计算时刻点。

当单层沥青混合料轮辙试验条件能完全反映其在全厚式沥青面层轮辙试验中所处的应力场和温度场时，由式(6-1)和式(6-2)可以推得：

$$\frac{1}{DS_0} = \sum_{i=1}^{n} \frac{1}{DS_i} \tag{6-3}$$

式中：DS_0——全厚式试件整体动稳定度(次/mm)。

因为受结构层组合和厚度的影响，单层沥青混合料轮辙试验时的荷载条件和温度环境很难与全厚式车辙试验一致：一方面结构组合不同，荷载自上而下的传递效果各不相同，而且下层情况对某层所受荷载也有影响，目前没有办法精确计算这种传递效果，导致材料轮辙试验时的荷载条件不可能准确按照其在全厚式车辙试件中所受到的荷载来确定；另一方面，虽然可以实际测试试件内部的温度场，但单独对各层沥青混合料进行轮辙试验时试件内部的温度条件也很难准确按照其在全厚式车辙试件中所处的温度场来进行控制。

为此，作者将厚度引入式(6-3)，由于单层沥青混合料轮辙试验时试件的厚度是固定的，而模拟不同组合结构时的全厚式试件各层的厚度大多数情况下并不等于单层试件的标准厚度，这里将各层的厚度引入到各层的动稳定度前。另外再引入综合修正系数 a_i 来对各层的动稳定度进行修正，以考虑前述全厚式轮辙试验与单层沥青混合料轮辙试验之间的应力场和温度场的区别。则有：

$$\frac{1}{\mathrm{DS}_0\sum_{i=1}^{n}h_i}=\sum_{j=1}^{n}\frac{1}{\sum_{i=1}^{n}a_{n(j-1)+i}h_i\mathrm{DS}_i} \tag{6-4}$$

式中：h_i——面层第 i 层位的厚度(mm)。

式(6-4)称为沥青面层结构与层位动稳定度的分解方程。如果是采用全厚式轮辙试验来分析三层式沥青面层的抗车辙性能，则式(6-4)有 $a_1 \sim a_9$ 共 9 个待定系数。

将设定的沥青面层结构整体动稳定度的控制标准[DS_0]代入沥青面层结构整体动稳定度的层位分解方程，可以分解得到多个[DS_i]和 h_i 的组合方案，从而实现沥青面层结构整体动稳定度控制标准的分解。如果对这些方案在其他力学性能和经济性方面进行比较，就能实现组合方案的优选，根据优选出的[DS_i]和 h_i 的组合方案，还能用于指导路面结构组合设计。

利用该分解方程可以将结构整体动稳定度控制标准转化成各层位动稳定度控制标准，而我国目前尚没有对沥青面层结构设置整体动稳定度控制标准，更没有建立结构和材料动稳定度控制标准之间的联系；利用该分解方程可以实现结构与材料抗车辙性能之间的统一，即按照分解得到的各层位动稳定度控制标准来为各层位选择和设计不同的沥青混合料，就能保证组合而成的沥青面层结构的整体动稳定度满足要求，而目前道路工程领域技术人员最困惑的恰在于此，即不知道由满足动稳定度要求的各种沥青混合料组合成的沥青面层结构是否能够抵抗车辙；该分解方程考虑了各层位的位置及厚度因素，利用层位分解方程得到的各层位动稳定度控制标准更符合工程实际，而目前的动稳定度控制标准是针对沥青混合料类型设置的，而不管其用于上面层、中面层还是下面层，也不考虑各层的实际厚度；实际上，各层位对沥青路面出现的车辙变形的贡献率是不同的，理论上也应该为各层位分别设置不同的动稳定度控制标准；在满足沥青面层结构整体抗车辙性能的前提下，利用该分解方程可以使各层位动稳定度控制标准有多种组合方案，其优势在于设计者可以在此基础上进行经济性和抗裂等其他力学性能的对比，以实现结构组合的优选。

6.1.2 层位分解方程的系数

为分析式(6-4)的适用性，作者开展了大量车辙试验来确定方程中的 9 个修正系数。拟定了 26 种不同的三层式沥青面层结构组合，包括 5 种厚度组合、18 种材料组合，共涉及 14 种沥青混合料，具体如表 6-1 所示。表中前 20 种组合将在常载常速下(试验荷载为 0.7MPa，试验轮压速度 42 次/min)进行车辙试验。为扩大试验数据的范围跨度，后 6 组数据是在重载低速试验条件下(试验荷载为 1.1MPa，试验轮压速度 14 次/min)完成的。

三层式车辙试件结构组合 表 6-1

结构编号	上面层材料	中面层材料	下面层材料	上面层厚度 h_1(cm)	中面层厚度 h_2(cm)	下面层厚度 h_3(cm)
1	SMA-13	70 号 A 级沥青 AC-20	70 号 A 级沥青 AC-25	4	6	8
2	SMA-13	70 号 A 级沥青 AC-20	70 号 A 级沥青 AC-25	5	7	10
3	SMA-13	70 号 A 级沥青 AC-20	70 号 A 级沥青	4	6	12
4	SMA-13	改性沥青 AC-20	70 号 A 级沥青 AC-25	4	6	8
5	SMA-13	改性沥青 AC-20	70 号 A 级沥青 AC-25	5	7	10
6	SMA-13	改性沥青 AC-20	70 号 A 级沥青	4	6	12
7	SMA-13	改性沥青 AC-20	70 号 A 级沥青 AC-25	5	8	13
8	SMA-13	添 3‰抗车辙剂	70 号 A 级沥青 AC-25	4	6	8
9	SMA-13	添 3‰抗车辙剂	70 号 A 级沥青 AC-25	5	7	10
10	SMA-13	添 3‰抗车辙剂	70 号 A 级沥青	4	6	12
11	SMA-13	添 3‰抗车辙剂 AC-20	70 号 A 级沥青 AC-25	5	8	13
12	SMA-13	改性沥青 AC-20 (掺 2.25‰聚酯纤维)	改性沥青 AC-25	4	6	8
13	SMA-13	改性沥青 AC-20 (掺 2.25‰聚酯纤维)	改性沥青 AC-20	4	6	8
14	SMA-13	改性沥青 AC-20 (掺 3‰聚酯纤维)	改性沥青 AC-25	4	6	8
15	SMA-13	改性沥青 AC-20 (掺 3‰抗车辙剂)	改性沥青 AC-25	4	6	8
16	改性沥青 AC-13	改性沥青 AC-20 (掺 2.25‰聚酯纤维)	改性沥青 AC-25	4	6	8

续上表

结构编号	上面层材料	中面层材料	下面层材料	上面层厚度 h_1(cm)	中面层厚度 h_2(cm)	下面层厚度 h_3(cm)
17	改性沥青 AC-13	改性沥青 AC-20（掺 2.25‰聚酯纤维）	改性沥青 AC-25	4	6	12
18	改性沥青 AC-13	改性沥青 AC-20（掺 2.25‰聚酯纤维）	改性沥青 AC-25	5	7	10
19	改性沥青 AC-13	改性沥青 AC-20	70 号 A 级沥青 ATB-25	4	6	12
20	改性沥青 AC-13	改性沥青 AC-20	70 号 A 级沥青 ATB-25	5	7	10
21	改性沥青 AC-13	70 号 A 级沥青 AC-20（改进级配、玄武岩）	70 号 A 级沥青 AC-20（石灰岩）	4	5	6
22	SMA-13	70 号 A 级沥青 AC-20（改进级配、玄武岩）	70 号 A 级沥青 AC-20（改进级配、玄武岩）	4	5	6
23	改性沥青 AC-13	改性沥青 AC-20	70 号 A 级沥青 AC-20（改进级配、石灰岩）	4	5	6
24	SMA-13	改性沥青 AC-20	70 号 A 级沥青 AC-20(石灰岩)	4	5	6
25	改性沥青 AC-13	添 3‰抗车辙剂 AC-20	70 号 A 级沥青 AC-20(玄武岩)	4	5	6
26	SMA-13	添 3‰抗车辙剂 AC-20	70 号 A 级沥青 AC20（改进级配、石灰岩）	4	5	6

作者对表 6-1 中的这 26 种沥青面层结构组合方案进行了全厚式轮辙试验，并对组成这些结构的沥青混合料进行了轮辙试验。试验设备采用自行改进后的轮辙仪，单层试件内部温度为均匀温度 60℃，全厚式试件内部处于温度梯度状态。车辙试验结果见图 6-1。

利用数学软件 1stOpt 对动稳定度数据（见图 6-1），按照式(6-4)的模型进行了回归处理，分析得到了式(6-4)的 9 个修正系数：$a_1=3.2178$，$a_2=0.4907$，$a_3=0.6104$，$a_4=-1811.8701$，$a_5=1460.7278$，$a_6=-199.2666$，$a_7=-1.3411$，$a_8=7.7284$，$a_9=23.5566$。拟合的相关系数为 0.988。

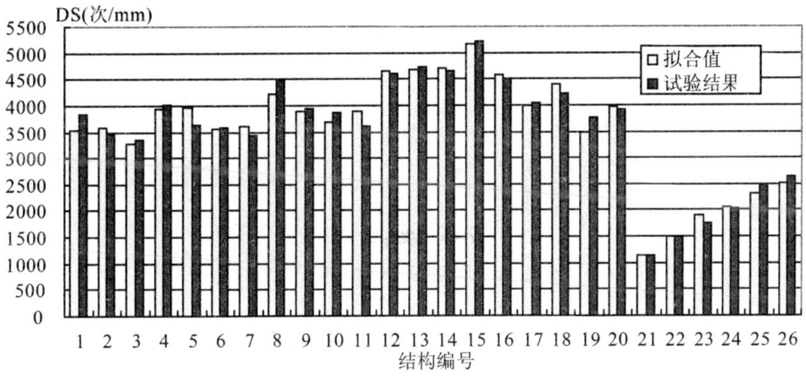

图 6-1 试验结果与拟合

6.2 基于抗车辙性能的结构组合设计原则

分析式(6-4)可以发现，将预先设定好的沥青面层整体动稳定度控制标准值分解成层位动稳定度控制标准值和层厚，可以得到许多种不同的层位动稳定度和厚度组合方案，那么就可以通过分析这些组合方案寻找规律，提炼出能够用于指导结构组合设计的原则性意见和建议。

分析式(6-4)，基于抗车辙性能的沥青面层组合设计方法可以在以下三种情况下进行动稳定度控制标准的分解：①沥青面层各层厚度固定；②沥青层总厚度固定；③沥青层总厚度发生变化。下面将分别进行介绍。

6.2.1 沥青面层各层厚度固定情况下的动稳定度控制标准组合原则

首先设定对沥青面层结构整体动稳定度的控制标准为[DS_0]=3 500 次/mm，上中下层位的厚度组合为 4cm+6cm+8cm；然后将[DS_0]值代入式(6-4)，拟定了多个[DS_i]的组合方案。经分解后各方案的动稳定度控制标准组合([DS_1]，[DS_2]，[DS_3])(括号中各符号分别代表上面层动稳定度控制标准、中面层动稳定度控制标准、下面层动稳定度控制标准)计算结果为：方案 1(5678、2000、1000)，方案 2(4210、5320、1000)，方案 3(4548、4548、1000)，方案 4(5856、2400、800)，方案 5(3000、9590、800)。

由计算结果可以发现：

(1)有多种不同的层位动稳定度和厚度组合方案可以达到相同的结构整体动稳定度要求，而且方案之间的差别可以非常大，方案 1 和 4 代表上面层可以远优于中下面层，方案 5 代表中面层可以远优于上面层，方案 2 和 3 代表中面层可以接近上面层甚至与上面层相同。目前的研究者都很重视中面层的抗车辙性能，但对于如何加强中面层的抗车辙性能却无法量化，导致工程上很盲目，而本文提出的这种分解方程则可以对此提供量化指导。

(2)我国目前只是根据混合料类型分别设定了不同的动稳定度控制标准，而且对同一类材料而言该标准是相同的。如规范要求在某地区普通沥青 AC 类混合料、改性沥青 AC 类混合料、改性沥青 SMA 的动稳定度分别不能小于 800 次/mm、2 400 次/mm 和 3 000 次/mm，而按照这个材料动稳定度标准组合成的沥青面层的整体动稳定度仅为 2 341 次/mm(按照式(6-4)计算得到)；如果某些工程情况特殊，需要沥青面层的整体动稳定度达到$[DS_0]$=3 500 次/mm 的控制标准，则按照目前规范设置的材料动稳定度控制标准是满足不了要求的，需要按照方案 4 或者方案 5 的方法进一步增强上面层或中面层。

6.2.2 沥青层总厚度固定情况下动稳定度控制标准组合原则

在沥青层总厚度保持 22cm 不变的前提下，变化各层厚度组合(考虑到路面工程的实际，上面层厚度 h_1 在 4cm、5cm、6cm 中选取，中面层厚度 h_2 在 6cm、7cm、8cm、9cm 中选取，下面层厚度 h_3 在 8cm、9cm、10cm、11cm、12cm 中选取，并保证 $h_1<h_2<h_3$)，利用式(6-4)进行动稳定度分解。分解时设定的沥青面层结构整体动稳定度控制标准值为$[DS_0]$=3 500 次/mm。

利用式(6-4)计算时，分三种情况进行分析：

(1)下面层厚度和动稳定度控制标准固定，分析两种情况下的变化规律：中面层[DS](代表动稳定度控制标准)固定时，上面层[DS]随上面层厚度变化(因为总厚度固定，中面层的厚度也会相应变化)的规律；上面层[DS]固定时，中面层[DS]随中面层厚度变化(因为总厚度固定，上面层的厚度也会相应变化)的规律。计算结果见图 6-2。

(2)上面层厚度和动稳定度控制标准固定，分析两种情况下的变化规律：下面层[DS]固定时，中面层[DS]随中面层厚度变化(因为总厚度固定，下面层的厚度也会相应变化)的规律；中面层[DS]固定时，下面层[DS]随下面层厚度变化(因为总厚度固定，中面层的厚度也会相应变化)的规律。计算结果见图 6-3。

(3)中面层厚度和动稳定度控制标准固定，分析两种情况下的变化规律：下面层[DS]固定时，上面层[DS]随上面层厚度变化(因为总厚度固定，下面层的厚度也会相应变化)的规律；上面层[DS]固定时，下面层[DS]随下面层厚度变化(因为总厚度固定，上面层的厚度也会相应变化)的规律。计算结果见图 6-4。

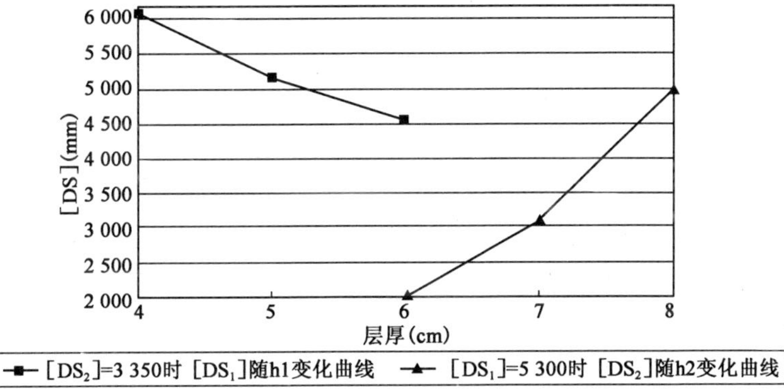

图 6-2 下面层厚 10cm 且[DS_3]=800 次/mm 时上中面层动稳定度和层厚组合

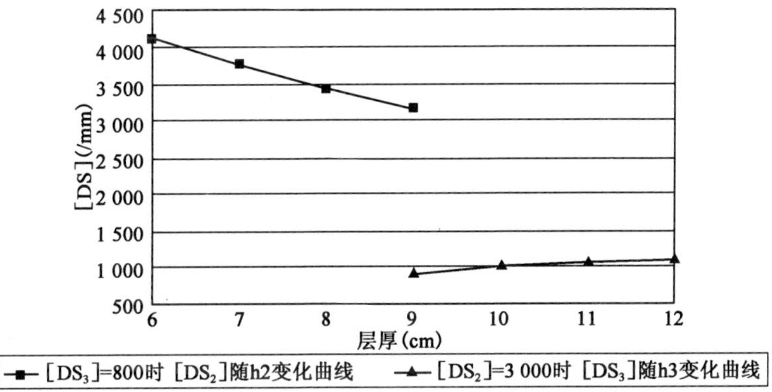

图 6-3 上面层厚 4cm 且[DS_1]=6 000 次/mm 时中下面层动稳定度和层厚组合

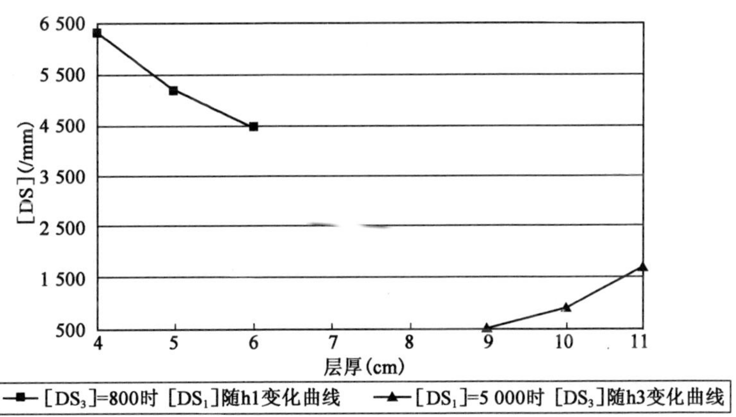

图 6-4 中面层厚 7cm 且[DS_2]=3 300 次/mm 时上下面层动稳定度和层厚组合

图 6-2～图 6-4 中的变化规律可以统一表述为:在保持三层式沥青面层总厚

度和整体动稳定度控制标准恒定的前提下，若固定某一层位的厚度及其动稳定度控制标准，再固定剩余两层中其中某一层位的动稳定度控制标准，则随着剩余那个层位厚度的增加，该层的动稳定度控制标准值将表现出两种趋势，若该层处于偏上层位（与“剩余两层中其中某一层位”相比），则其动稳定度控制标准值可以降低；若该层处于偏下层位（与“剩余两层中其中某一层位”相比），则其动稳定度控制标准值需要增大。这种变化规律用表 6-2 表示如下。

沥青层总厚度固定情况下动稳定度控制标准分解的规律　　表 6-2

序号	层位组合情况						[DS]随 h 的变化规律
	h_1	h_2	h_3	[DS_1]	[DS_2]	[DS_3]	
1			固定		固定	固定	h_1↑→[DS_1]↓
2			固定	固定		固定	h_2↑→[DS_2]↑
3	固定			固定	固定		h_3↑→[DS_3]↑
4	固定			固定		固定	h_2↑→[DS_2]↓
5		固定			固定	固定	h_1↑→[DS_1]↓
6		固定		固定	固定		h_3↑→[DS_3]↑

之所以出现这种变化规律，可以理解成：

（1）对于序号 1 对应的情况，由于 h_1 的增加量 Δ 和 h_2 的减小量相同，这就相当于原中面层顶面以下 Δ 厚度的材料由上面层材料替换，但是图 6-2 中原[DS_1]大于[DS_2]，如果[DS_1]维持不变，则沥青面层整体的[DS]将会增大，适当减小[DS_1]则可以维持沥青面层整体的[DS]不变；序号 4 和序号 5 对应的情况也是这个道理。

（2）对于序号 2 对应的情况，由于 h_2 的增加量 Δ 和 h_1 的减小量相同，这就相当于原上面层底面以上 Δ 厚度的材料由中面层材料替换，但是图 6-2 中原[DS_2]小于[DS_1]，如果[DS_2]维持不变，则沥青面层整体的[DS]将会减小，适当增大[DS_2]则可以维持沥青面层整体的[DS]不变；序号 3 和序号 4 对应的情况也是这个道理。

通过对这种规律性的分析，也证明了前文提出的分解方程(6-4)是合理的。

6.2.3 沥青层总厚度发生变化情况下动稳定度控制标准组合原则

考虑上面层厚度增加 1cm 或者中面层厚度增加 1cm，或者下面层厚度增加 1cm 时，在沥青面层整体动稳定度控制标准保持不变的情况下，分析各层位的动稳定度控制标准可以如何进行调整。本小节以[DS_0]＝3500 次/mm、初始沥青面层结构各层的厚度组合为 4cm＋6cm＋8cm 为例，进行了各层位动稳定控制标准的分解，计算结果如表 6-3 所示。

总厚度增加情况下各层位动稳定度分解示例 表 6-3

[DS_1]（次/mm）	[DS_2]（次/mm）	[DS_3]（次/mm）	h_1（cm）	h_2（cm）	h_3（cm）
5 428	3 000	800	4	6	8
4 749	3 000	800	5	6	8
5 428	2 040	800	5	6	8
5 428	3 000	526	5	6	8
5 597	3 000	800	4	7	8
5 428	3 220	800	4	7	8
5 428	3 000	896	4	7	8
5 428	3 000	958	4	6	9
5 428	3 490	800	4	6	9
5 727	3 000	800	4	6	9

由表 6-3 可见：

(1)如果将上面层厚度增加 1cm，则可以分别单独将上、中、下面层的动稳定度控制标准降低。这可以理解成初始结构的上面层的动稳定度远高于其他两层，增加上面层的厚度则更加大了其对沥青面层整体动稳定度的贡献率，而降低上面层或中面层或下面层的动稳定度控制标准则可以维持整体动稳定度不变。

(2)如果将中面层厚度增加 1cm，也可以分别单独将上、中、下面层的动稳定度控制标准提高。这可以理解成中面层增加的 1cm 材料代替了原下面层上部的 1cm 材料而导致动稳定度增强，但同时会引起下面层向下扩张而相当于在初始结构的下方增加了一个产生车辙变形(与动稳定度成倒数关系)的来源，而且前者的增强作用比后者弱，所以需要通过提高上面层或中面层或下面层的动稳定度控制标准来维持整体动稳定度不变。

(3)如果将下面层厚度增加 1cm，也可以分别单独将上、中、下面层的动稳定度控制标准提高。这可以理解成这增加的 1cm 下面层材料相当于在初始结构的下方增加了一个产生车辙变形的来源，只有通过提高上面层或中面层或下面层的动稳定度控制标准来进行平衡。

由表 6-3 综合起来看，在沥青路面上面层厚度增加的情况下，则可以适当放低对某一层位沥青混合料动稳定度控制标准的要求；而在中面层或下面层厚度增加的情况下，则需要增强对某一层位沥青混合料动稳定度控制标准的要求。这可以作为从抗车辙性能的角度指导沥青面层结构组合的原则之一。

6.3 沥青面层结构和混合料抗车辙性能统一设计方法

第5章介绍过通过车辙试验对比全厚式试件整体动稳定度以指导沥青面层结构组合设计的方法，而我国规范要求在沥青混合料组成设计环节通过车辙试验检验其抗车辙性能。在结构和材料层面都要求检验其抗车辙性能，如果没有在两者之间建立有效的联系，那么有可能会出现相互矛盾之处。在工程施工环节，更方便从混合料层面进行施工控制。

本节将在6.1和6.2的基础上，介绍基于抗车辙性能的沥青面层结构组合设计方法，该方法能够将沥青面层结构抗车辙性能与沥青混合料抗车辙性能统一起来。

我国的路面基层基本都采用半刚性材料，那么沥青路面结构和混合料抗车辙性能统一设计方法实际上就是沥青面层结构和混合料抗车辙性能统一设计方法。

沥青路面结构和混合料抗车辙性能统一设计方法由三个环节组成：沥青面层结构抗车辙性能控制标准的分解，根据分解得到的沥青混合料动稳定度控制标准选择合适的沥青混合料类型，开展车辙试验检验沥青混合料的抗车辙性能。前两个环节被包含在下面将要介绍的"考虑抗车辙性能的沥青路面结构组合设计方法"中。

6.3.1 考虑抗车辙性能的沥青路面结构组合设计方法

本书提出如下的考虑抗车辙性能沥青路面结构设计方法：

(1)预先为所设计的公路沥青路面设定动稳定度控制标准$[DS]_w$。

(2)利用沥青面层动稳定度控制标准分解方程，对$[DS]_w$进行分解，可以得到层位动稳定度控制标准和层厚的多种组合方案。

(3)根据分解得到的沥青面层各层动稳定度控制标准，为各层选择沥青混合料类型；再考虑基层和垫层的结构组合方式，形成多个完整的路面结构组合方案。

(4)按照目前的沥青路面结构设计方法，以弯沉和层底拉应力(层间剪应力)为指标，进行沥青路面结构设计。

该方法实际上是将抗车辙性能和目前的沥青路面结构设计方法融合在一

起,先通过分解方程拟定多个沥青面层的结构组合方案,然后在此基础上拟定完整的路面结构组合方案,最后采用沥青路面结构设计软件进行设计。通过该方法设计出的沥青路面结构,其整体承载能力、抗车辙性能、抗裂性能能够同时达到设计要求,是经济性很好的沥青路面结构。

分析该方法第二步和第三步,第三步中选择沥青混合料类型的依据是第二步中从沥青面层动稳定度分解得到的混合料动稳定度控制标准,这就体现了从沥青面层结构抗车辙性能到沥青混合料抗车辙性能的递进,体现了结构和混合料抗车辙性能的统一。

对比第5章的比选方法和考虑抗车辙性能的沥青路面结构设计方法,可以发现:

(1)两者流程正好相反:前者先按照目前的沥青路面结构设计方法得到满足整体承载能力和抗裂性能要求的沥青路面结构,然后评价其沥青面层整体的抗车辙性能是否满足要求;后者先通过分解方程得到抗车辙性能满足要求的沥青面层结构,然后按照目前的沥青路面结构设计方法考察这个沥青路面结构的整体承载能力和抗裂性能。

(2)两者对设备要求不同:前者需要利用改进型车辙试验机,后者只需要计算设备。

(3)两者工作量有别:前者需要对不同的沥青面层结构开展全厚式车辙试验,完成1个试验需要3～5d;后者不需要试验,仅需简单计算即可。

(4)两者含义不同:前者其实是一种“事后”检验方法,而前者是一种“事前”设计方法。

由以上分析可知,本节介绍的这种“考虑抗车辙性能沥青路面结构设计方法”是真正意义上的从抗车辙性能的角度考虑的“设计”方法,非常适合在设计阶段采用。

6.3.2 沥青混合料抗车辙性能检验方法

在路面施工阶段,沥青面层各层式分层铺筑的,而且已经建立了完善的沥青混合料性能监控措施和方法。由于车辙试验设备的推广和普及,很多工程单位都能开展沥青混合料的车辙试验。在施工过程中需要检验沥青混合料的抗车辙性能,这个观念已经被广大工程建设者所接受。这里将介绍“基于抗车辙性能的结构和材料统一设计方法”的另外一个环节,即检验沥青混合料的抗车辙性能。

这里提出的沥青混合料抗车辙性能检验方法如下:

(1)在沥青混合料组成设计完成后,开展标准车辙试验,得到其动稳定度。

(2)对比测试得到的沥青混合料动稳定度与“考虑抗车辙性能沥青路面结构设计方法”阶段分解得到的各层位沥青混合料动稳定度控制标准,来判断所设计的沥青混合料是否满足抗车辙性能要求。

对比该方法和我国目前在沥青混合料组成设计环节采用的高温稳定性方法,可以发现:

(1)两者的流程相同,采用的设备相同,也说明该方法非常适合在我国推广。

(2)两者采用的动稳定度控制标准不同,这是两者最大的区别:后者采用的动稳定度控制标准只与沥青混合料类型有关,没有考虑其在沥青面层中所处的层位,也没有考虑沥青面层各层的厚度,更没有与沥青面层整体的动稳定度控制标准挂钩;前者的动稳定度控制标准不仅来源于沥青面层的动稳定度控制标准,而且受沥青混合料所处的层位及其厚度的直接影响,因为前者的评价标准采用了由沥青面层整体动稳定度控制标准分解得到的沥青面层各层动稳定度控制标准,正因如此,才能再一次使沥青面层结构和沥青混合料的抗车辙性能有机地统一起来。

在路面结构设计阶段采用“考虑抗车辙性能沥青路面结构设计方法”,在工程建设阶段采用“沥青混合料抗车辙性能检验方法”,两者的联系纽带是“沥青混合料抗车辙性能控制标准”,后者的检验标准来源于前者在为沥青面层各层选择沥青混合料类型时采用的抗车辙性能控制标准,形成了一个有机的整体。

6.4 考虑抗车辙性能的沥青路面结构组合设计方法应用示例

本节以第 5 章的京港澳高速公路某段改扩建工程为例,采用 6.3 节的方法进行沥青路面的结构组合设计。

6.4.1 将设定的沥青面层动稳定度控制标准分解到各层位

按照第 5 章的介绍,这里以 2 111 次/mm 作为沥青面层整体动稳定度控制标准值。

考虑沥青层由三层组成,利用式(6-4),即下式进行分解。

$$\frac{1}{[DS_0](h_1+h_2+h_3)}=\frac{1}{a_1h_1[DS_1]+a_2h_2[DS_2]+a_3h_3[DS_3]}+\frac{1}{a_4h_1[DS_1]+a_5h_2[DS_2]+a_6h_3[DS_3]}+$$

$$\frac{1}{a_7h_1[DS_1]+a_8h_2[DS_2]+a_9h_3[DS_3]}$$

式中：$a_1=3.2178$，$a_2=0.4907$，$a_3=0.6104$，$a_4=-1811.8701$，$a_5=1460.7278$，$a_6=-199.2666$，$a_7=-1.3411$，$a_8=7.7284$，$a_9=23.5566$。

将$[DS_0]=2111$次/mm代入上式，可以得到($[DS_i]$，h_i)的很多种组合，这里选择了3种组合列于表6-4。

初步拟订的沥青层($[DS_i]$，h_i)组合　　表6-4

编号	$[DS_1]$（次/mm）	$[DS_2]$（次/mm）	$[DS_3]$（次/mm）	h_1（cm）	h_2（cm）	h_3（cm）
1号	3 300	1 700	800	4	6	11
2号	3 280	1 700	800	4	7	10
3号	2 030	3 400	1 000	5	6	9

6.4.2 基于抗车辙性能拟订沥青层组合结构

对于表6-4中的($[DS_i]$，h_i)组合，1号和2号组合对沥青层各层的动稳定度的要求基本相同，参考作者对各种沥青混合料开展过的车辙试验结果，初步拟定的材料组合为：改性沥青AC13+70号A级沥青AC20+70号A级沥青AC25。

表6-4中的3号组合对中面层抗车辙性能的要求高于表面层，为此初步拟订的材料组合为：70号A级沥青AC13+改性沥青AC20+70号A级沥青AC25。

为便于叙述，对上述拟订的沥青层组合结构进行编号：

1号沥青层组合结构：4cm改性沥青AC13+6cm 70号A级沥青AC20+11cm70号A级沥青ATB25

2号沥青层组合结构：4cm改性沥青AC13+7cm 70号A级沥青AC20+10cm70号A级沥青ATB25

3号沥青层组合结构：5cm70号A级沥青AC13+6cm改性沥青AC20+9cm70号A级沥青AC25

6.4.3 路面结构组合设计

这里按照我国沥青路面结构设计方法的流程开展设计。首先在已经拟定了沥青层组合结构的基础上，初步拟定基层和垫层的材料类型和厚度，并将某个基层设定为设计层，其厚度待求。具体的结构组合方案如下：

路面结构组合1号方案：1号沥青层组合结构+20cm水泥稳定碎石+石灰

粉煤灰碎石＋20cm 石灰粉煤灰土，其中石灰粉煤灰碎石为设计层，厚度待定；

路面结构组合 2 号方案：2 号沥青层组合结构＋20cm 水泥稳定碎石＋石灰粉煤灰碎石＋20cm 石灰粉煤灰土，其中石灰粉煤灰碎石为设计层，厚度待定；

路面结构组合 3 号方案：3 号沥青层组合结构＋20cm 水泥稳定碎石＋石灰粉煤灰碎石＋20cm 石灰粉煤灰土，其中石灰粉煤灰碎石为设计层，厚度待定；

采用第 5 章介绍的交通量资料，按照我国规范方法计算出的累计当量轴次 Ne 为 $7.285\,399\times10^7$ 次/车道和 $7.447\,897\times10^7$ 次/车道（半刚性基层层底拉应力计算时用）。采用我国沥青路面设计软件对以上三个方案进行路面结构计算，计算时采用的相关计算参数见表 6-5。

路面结构计算参数 表 6-5

结构层材料名称	20℃平均抗压模量（MPa）		15℃平均抗压模量（MPa）		劈裂强度（MPa）
	均值	标准差	均值	标准差	
改性沥青 AC13	1 600	100	2 200	200	1.5
AC13	1 200	100	1 800	200	1.2
改性沥青 AC20	1 400	100	2 000	150	1.2
AC20	1 000	100	1 600	150	0.8
ATB25	1 300	100	1 500	100	0.9
AC25	900	100	1 100	100	0.6
水泥稳定碎石	3 000	600	3 600	600	0.6
石灰粉煤灰碎石	3 000	600	3 200	600	0.6
石灰粉煤灰土	1 500	400	1 800	400	0.3
新建路基	40		—		—

经过计算，得到各个方案的设计层的厚度为：路面结构组合 1 号方案的石灰粉煤灰碎石层厚 20cm，路面结构组合 2 号方案的石灰粉煤灰碎石层厚 20cm，路面结构组合 3 号方案的石灰粉煤灰碎石层厚 24cm。

最后再综合分析以上三个方案的技术经济性，可以考虑采用如下路面结构：4cm 改性沥青 AC13＋6cm 70 号 A 级沥青 AC20＋11cm70 号 A 级沥青 ATB25＋20cm 水泥稳定碎石＋20cm 石灰粉煤灰碎石＋20cm 石灰粉煤灰土。

参考文献

[1] 关宏信,张起森,徐暘,周立波.低速行车条件下沥青混合料抗车辙性能试验研究[J].土木工程学报,2010,43(10):130-134.

[2] 关宏信,张起森,罗增杰.考虑温度梯度沥青路面面层全厚式车辙试验[J].土木工程学报,2011,44(6):143-147.

[3] 关宏信,张起森,徐暘,等.全厚式沥青面层车辙控制标准探讨[J].土木工程学报,2011,44(9):124-129.

[4] 关宏信,张起森,刘敬.沥青混合料车辙试验方法改进探讨[J].交通运输工程学报,2011,11(3):16-21.

[5] 关宏信,张起森,徐暘,等.沥青混合料中温车辙试验研究[J].公路交通科技,2010,27(11):38-41.

[6] 关宏信,徐一鸣,李连友,等.基于形成取样整体动稳定度的沥青面层结构组合优选[J].公路交通科技,2015,32(1):30-34.

[7] 关宏信,崔志勇,等.沥青面层整体动稳定度控制标准的层位分解方法[J].公路交通科技,2016,33(1):7-13.

[8] 关宏信,张起森,徐暘,肖鑫.沥青路面轴载抗滑等效换算方法[J].公路交通科技,2010,27(9):14-17.

[9] 任全,关宏信.行驶速度对沥青路面车辙影响程度研究[J].中外公路,2012,32(3):86-89.

[10] 龙尧,关宏信,邵腊庚,等.不同条件下AC-20沥青混合料抗车辙性能研究[J].中外公路,2010,30(4):259-262.

[11] 梁毅,关宏信,张起森,等.高速公路大纵坡和连续上坡沥青路面车辙病害调查分析[J].中外公路,2008,28(5):68-71.

[12] 杨海荣,关宏信.高温、重载、慢速条件下上坡沥青路面车辙[J].长沙理工大学学报(自然科学版),2008,5(4):13-17.

[13] 徐暘,关宏信,张起森,等.连续上坡沥青路面抗车辙材料组合设计[J].武汉理工大学学报,2010,32(14):63-64.

[14] 杨涛,郑健龙,谢博,关宏信.凝灰岩沥青混合料高低温和水稳定性能试验研究[J].公路交通科技,2016,33(3):1-6.

[15] 郑南翔,牛思胜,许新权.重载沥青路面车辙预估的温度-轴载-轴次模型

[J]. 中国公路学报,2009,22(3):7-13.
[16] 关宏信(1). W 型车辙测试系统[P]. 中国发明专利 ZL201110079752.8.
[17] 关宏信(1). 一种模拟路面实际状态的多功能车辙试验机[P]. 中国发明专利 ZL201110079754.7.
[18] 关宏信(1). 车辙试件温度梯度仿真装置[P]. 中国发明专利 ZL200910042874.2.
[19] 关宏信(1). 变载变速变厚度车辙试验机[P]. 中国实用新型专利 ZL200920063519.9.